MÁS ALLÁ

LO QUE NOS ENSEÑAN

DE MI

LISTA DE

LAS CARTAS DE PABLO

ORACIÓN

WENDY BELLO

MÁS ALLÁ

LO QUE NOS ENSEÑAN

DE MI

LISTA DE

LAS CARTAS DE PABLO

ORACIÓN

WENDY BELLO

B&H
ESPAÑOL
BRENTWOOD, TENNESSEE

Más allá de mi lista de oración:
Lo que nos enseñan las cartas de Pablo.

Copyright © 2023 por Wendy Bello
Todos los derechos reservados.
Derechos internacionales registrados.

B&H Publishing Group
Brentwood, TN 37027

Diseño de portada: B&H Español

Clasificación Decimal Dewey: 248.3
Clasifíquese: PABLO, APÓSTOL \ ORACIÓN \ ORACIONES

ISBN: 978-1-0877-5046-0

Impreso en EE. UU.
1 2 3 4 5 * 26 25 24 23

Índice

Introducción 1

Capítulo 1 **Señor**: Enséñanos a orar
(Mateo 6:5-13).................... 13

Capítulo 2 **Señor**: Ayúdanos a conocerte mejor y
que podamos ver todo lo que tenemos
en ti (Efesios 1:15-19) 31

Capítulo 3 **Señor**: Nuestras fuerzas son escasas.
Necesitamos tu poder para vivir de
este lado del sol (Efesios 3:14-19)..... 49

Capítulo 4 **Señor**: Danos un amor anclado
en la verdad (Filipenses 1:9-11)....... 67

Capítulo 5 **Señor**: En un mundo de dolor,
permíteme ser un instrumento de
consuelo a corazones heridos y
desesperanzados (Romanos 10:1) 87

Capítulo 6 **Señor**: Estamos agobiados, necesitamos
de ti y de tu paz (Filipenses 4:6-7) 105

Capítulo 7   **Señor**: Ayúdanos a conocer tu voluntad
             para vivir vidas que te agraden y rindan
             fruto para ti (Colosenses 1:9-11)   125

Capítulo 8   **Señor**: Ayúdanos a cumplir con la misión
             de proclamar a Cristo, cueste lo que cueste
             (Romanos 15:13)   149

Capítulo 9   **Señor**: Queremos ser un pueblo
             intercesor, que en lugar de correr
             desesperados en cualquier dirección
             cuando la vida duela y no sepamos
             qué hacer, corramos al trono de
             la gracia (1 Tesalonicenses 1:11-12) . . .   167

Conclusión   187

Agradecimientos   195

Notas   197

Dedicatoria

Al tío Luis Manuel González Peña,
quien oró fervientemente por mí.

Introducción

No recuerdo qué edad tenía cuando leí por primera vez la biografía de George Müller, el famoso evangelista, misionero y director de orfanatos del siglo XIX, pero sí puedo recordar el impacto que tuvo su vida de oración en mi mente joven. Él está en mi lista de héroes de la fe de los tiempos modernos.

Si no lo conoces, quisiera darte una breve semblanza que se quedará corta para mostrar todo lo que realizó en su vida. Müller fundó varios orfanatos en Bristol, Inglaterra. Lo maravilloso de la historia es que cuando Müller emprendió esta encomienda, entendiendo que era dada por Dios, solo tenía en su bolsillo dos chelines, una cantidad mínima aun para ese tiempo. Sin embargo, nunca buscó la ayuda de otras personas o instituciones para cubrir las necesidades de los orfanatos. Por fe, Müller decidió que solo Dios sería su proveedor y, por lo tanto, presentaría sus necesidades a Él en oración. Dios honró a su siervo y proveyó cada día de manera extraordinaria durante sesenta años. Su dependencia de Dios me enseñó y me desafió a entender que necesitamos de Él en cada instante y circunstancia de nuestras vidas y que nada, absolutamente nada, está fuera de Su alcance y control. Müller mismo explica cómo entendía su disciplina en la oración:

Aunque somos hijos de Dios, somos débiles, y Dios quiere que reconozcamos nuestra impotencia con respecto a Él. Por lo tanto, según lo permita la oportunidad y el tiempo, entreguémonos a la oración. Es muy importante tener tiempos designados para la oración, y no dejarla librada solo al deseo. Si la dejamos a los sentimientos, descubrirás que cada vez tendrás menos deseos de orar, y pronto dejarás de hacerlo por completo; o, en otras palabras, serás un pobre miserable pecador, sin ayuda en el conflicto. Tengamos tiempos definidos de oración en secreto, en los que a solas derramamos nuestras almas delante de Dios.[1]

Sabemos que Müller era tan pecador como cualquiera de nosotros, pero vivía en profunda dependencia del Señor y por eso entendió que la disciplina de la oración es vital en la vida del creyente, no solo para presentar a Dios nuestras necesidades, sino porque a través de la rendición delante de Dios de nuestras peticiones también somos conformados a la imagen de Cristo.

Los que hoy consideramos grandes hombres y mujeres de Dios vivieron entregados a la oración. Nuestro Señor Jesucristo, como veremos más adelante, instruyó a Sus discípulos con respecto a la oración y fue un ejemplo para ellos en este sentido. El apóstol Pablo escribió sus oraciones, instruyó sobre la oración y llevó una vida de oración. Sin duda, la oración es importante. Por eso queremos aprender lo que la Escritura nos enseña sobre ella. El tamaño de este libro no me permitirá escribir todo lo que la Biblia enseña sobre la oración, pero creo que será muy provechoso que reflexionemos juntos sobre este tema a través de la vida del apóstol Pablo y sus oraciones escritas a lo largo de su ministerio y que han quedado registradas en sus epístolas. No hay duda de que la vida de oración y la meditación de la Palabra de Dios van de la mano. Me gustaría citar a Müller una última vez:

> Cuando oramos, hablamos con Dios. Este ejercicio del alma se realiza mejor después de que el hombre interior se ha nutrido de la Palabra de Dios mediante la meditación. A través de Su Palabra nuestro Padre nos habla, nos exhorta, nos consuela, nos instruye, nos humilla y nos reprende. Podemos meditar provechosamente, con la bendición de Dios, aunque seamos espiritualmente débiles.[2]

Oraremos mejor cuando nuestra mente y corazón hayan pasado tiempo meditando en la Palabra de Dios, conociéndolo en cada una de las páginas de la Escritura, dejando que nos transforme con Sus promesas y nos confronte con Sus mandamientos. La vida de Müller es un testimonio del tiempo dedicado a meditar en la Palabra y del tiempo consagrado a la oración. Ese es uno de nuestros mayores desafíos porque nos cuesta dedicar tiempo a la Palabra y mucho más a la oración de manera constante y decidida.

¿Por qué no oramos?

Esa pregunta es en parte el móvil de este libro. Una persona me preguntó lo mismo y me llevó a reflexionar sobre una ausencia generalizada de oración en los cristianos contemporáneos.

Una posible respuesta es que no sabemos exactamente cómo hacerlo. Quizá creemos que se necesita cierto conocimiento previo o un vocabulario específico. Pero no necesitamos dominar todo el lenguaje bíblico ni el significado de conceptos teológicos profundos para acercarnos a Dios en oración. Todo creyente puede orar de manera sencilla y con sus propias palabras, con la certeza de que Dios lo escucha porque Cristo, en la cruz, hizo posible que se nos abriera el camino con acceso directo a la presencia de Dios.

Ignorar nuestra necesidad de Dios puede ser otra razón para no orar. Creemos que podemos manejar la vida por nuestra cuenta y solo corremos a orar en situaciones extremas, como cuando nos vemos sin salida, no sabemos qué decisión tomar, algo nos asusta o nos preocupa mucho. Es lamentable que haya cristianos que vean la oración como un bote salvavidas y no como parte esencial de nuestro caminar con Dios.

Sin embargo, me atrevería a decir que la razón principal por la que no oramos como debiéramos es que en nuestras agendas no separamos tiempo para esta disciplina espiritual. Nos resulta fácil incluir citas, reuniones, proyectos, salidas y mucho más; pero cuando se trata de orar, nos cuesta agendarlo porque pareciera que carecemos de deseos. Uso el término «disciplina espiritual» porque la palabra *disciplina* es muy interesante.

Las disciplinas espirituales son las prácticas que nos ayudan en la búsqueda de santidad y nos llevan a crecer en semejanza de Cristo. Aunque podrían parecer algo novedoso para algunos o anticuado para otros, las disciplinas espirituales aparecen en la Biblia y han sido cultivadas por los creyentes de generación en generación. Se trata de actividades prácticas que requieren de intencionalidad en su observancia regular y constante. Por supuesto, la meta no es la actividad en sí misma sino el resultado de transformación a través de la práctica de las disciplinas espirituales. Los creyentes necesitamos las disciplinas espirituales porque son el «único camino a la madurez y a la piedad cristiana».[3] La oración es una de esas disciplinas.

Ahora bien, debemos tener cuidado. Si solo nos centramos en la actividad y le otorgamos un mero valor religioso, corremos el peligro de que se convierta en un acto repetitivo o rutinario, carente de todo peso y resultado evidente. Sería orar por tan solo cumplir con un punto de nuestra agenda. Obviamente, lo opuesto es igual de dañino. Orar solo cuando tengamos deseos o necesidad es peligroso para la salud de nuestra vida espiritual.

Es importante reconocer que el tiempo que dediquemos a orar será diferente para cada uno porque somos diferentes y nuestras vidas pasan por diferentes etapas. Es muy posible que una mamá con niños muy pequeños no pueda dedicar una hora a solas a orar, pero, por ejemplo, puede orar mientras amamanta a su bebé. Yo misma me pongo a veces a orar mientras lavo los platos. También lo hago a menudo mientras voy manejando o cuando camino por el vecindario. Pero lo que más me gusta es ir a mi rinconcito de oración. No es un lugar grande, no es nada especial… ¡es mi clóset de ropa! Es el lugar adonde acudo cuando quiero estar a solas con Dios. ¿Tienes un lugar así? Te lo recomiendo. Es ideal que encontremos un lugar donde oremos y nuestra atención no esté dividida, lejos de distracciones y a solas. Así incluso lo modeló Jesús:

> Levantándose muy de mañana, cuando todavía estaba oscuro, Jesús salió y fue a un lugar *solitario*, y allí oraba. (Mar. 1:35, énfasis de la autora)

> Pero con frecuencia Él se retiraba a lugares *solitarios* y oraba. (Luc. 5:16, énfasis de la autora)

Escribir mis oraciones me ayuda mucho durante el tiempo que dedico a orar. Una de las razones es evitar la distracción de mi mente. Mis pensamientos se ordenan cuando estoy escribiendo. Escribir las oraciones también es una manera de poder regresar a ellas, ya sea para recordarlas o para ver la forma en que Dios ha respondido. Las oraciones se convierten, de cierto modo, en un registro de la fidelidad de Dios. Me ayuda también a dar seguimiento cuando estoy orando por las peticiones de otros hermanos e incluso intercediendo por personas que no son creyentes.

Volviendo a las razones por las que no oramos, a veces no oramos porque nuestras oraciones se vuelven repetitivas, quedamos atrapados en unas cuantas frases y no sabemos cómo cambiar esa rutina. El remedio más efectivo para abandonar esos clichés esclavizantes es orar con la Palabra de Dios. Las páginas de la Escritura no solo contienen oraciones, como las que leemos en los salmos, sino que encierran las verdades que necesitan nuestras almas para ser renovadas, transformadas, reprendidas, exhortadas y consoladas. Podemos tomar esas verdades y las palabras mismas de la Escritura al momento de orar. Tengo que aclarar que orar con las palabras de la Biblia no es una forma distinta de repetición, mucho menos una fórmula mágica, ni tampoco es un tipo de amuleto verbal que sirve para conseguir todos nuestros deseos caprichosos. Orar con la Biblia es orar conforme a la voluntad de Dios, buscar que nuestro corazón esté alineado con el de Él.

> Orar con la Biblia es orar
> conforme a la voluntad de Dios,
> buscar que nuestro corazón esté
> alineado con el de Él.

En su libro *Orando la Biblia*, el autor Donald Whitney dice: «Cuando oras la Biblia, no solo estás orando palabras ordinarias; estás orando palabras que son espíritu y son vida».[4]

Cuando comienzas a orar con la Biblia, las palabras nunca se nos acabarán y, sin duda, estaremos orando por cosas que van mucho más allá de las peticiones ordinarias y generales que tenemos en nuestra lista de oración. Quizá te hayas identificado con algunas de estas razones para nuestra falta de oración. Entender que la oración es vital para nuestra salud espiritual y que es posible salir del desierto de oración nos ayudará a tomar medidas que produzcan resultados diferentes. Al principio también dije que el ejemplo de otros creyentes es de mucho valor. Por eso este libro se basa en las oraciones del apóstol Pablo.

Pablo y la oración

> Pablo oraba no solo porque entendía la importancia de la oración, sino también porque reconocía que el poder no está en la oración en sí misma sino en Dios.

Es bastante seguro que la oración formaba parte de la vida de Saulo antes de que fuera Pablo. Saulo era un hombre muy apegado a la religión judía, hasta el punto de que se reconocía a sí mismo como un «hebreo de hebreos» (Fil. 3:5). Pertenecía a la escuela de los fariseos, una secta judía muy celosa de la práctica de sus tradiciones religiosas, a quienes, por ejemplo, se los conocía por sus largas oraciones públicas (Mat. 23:14). Cuando el Señor lo salvó en el camino a Damasco, lo envió a la casa de un hombre llamado Judas y allí Saulo, que había quedado temporalmente ciego, estaba «orando» (Hech. 9:11). Tiempo después, al regresar a Jerusalén, él mismo cuenta que estaba «orando en el templo» (Hech. 22:17) cuando recibió instrucciones de parte de Dios para salir de la ciudad. La dependencia de Dios en oración caracterizó la vida y el ministerio del apóstol Pablo. Las Escrituras nos revelan a Pablo orando en las más disímiles circunstancias:

• En la cárcel de Filipos lo encontramos orando y cantando himnos junto a Silas, su compañero de ministerio (Hech. 16:25).
• En ciudades como Listra e Iconio, oró para designar ancianos en las iglesias (Hech. 14:23).
• Oraba por los enfermos (Hech. 28:8).
• Oraba por otros creyentes (Rom. 1:10; Fil. 1:4; 1 Tes. 1:2).
• También nos muestran a un Pablo que recababa las oraciones de los hermanos en su favor:

Oren también por mí, para que me sea dada palabra al abrir mi boca, a fin de dar a conocer sin temor el misterio del evangelio. (Ef. 6:19)

Oren también para que seamos librados de hombres perversos y malos, porque no todos tienen fe. (2 Tes. 3:2)

Un hombre de la talla espiritual del apóstol Pablo oraba no solo porque entendía la importancia de la oración, sino también porque reconocía que el poder no está en la oración en sí misma sino en Dios. Él no solo es poderoso, sino que excede toda expectativa que podamos tener cuando acudimos a Él en oración: «... es poderoso para hacer todo mucho más abundantemente de lo que pedimos o entendemos» (Ef. 3:20a). Y, particularmente, oraba confiado en la obra del Espíritu Santo.

En su carta a los romanos, Pablo escribe sobre la debilidad que el creyente manifiesta al orar y cómo el Espíritu Santo acude en su ayuda al interceder a su favor:

De la misma manera, también el Espíritu nos ayuda en nuestra debilidad. No sabemos orar como debiéramos, pero el Espíritu mismo intercede por nosotros con gemidos indecibles. (Rom. 8:26)

Aunque mucho se ha debatido con relación al significado de esta debilidad del creyente, coincido con el Dr. Tom Schreiner al afirmar que se trata de una falta de comprensión adecuada de la voluntad de Dios que hace, por consecuencia, que el Espíritu Santo actúe a nuestro favor para contrarrestar dicha debilidad.[5] Cristo es nuestro intercesor ante el trono de Dios, como leemos en Romanos 8:34, y el Espíritu se convierte en nuestro intercesor en la oración porque Él conoce la voluntad de Dios: «Y Aquel que escudriña los corazones sabe cuál es el sentir del Espíritu, porque Él intercede por los santos conforme a la voluntad de Dios» (Rom. 8:27). ¡Esa es una noticia maravillosa!

Cuando tú y yo no sabemos qué decir y las palabras nos fallan, cuando estamos confundidos y no sabemos si lo que estamos orando a Dios tiene sentido o no, la Escritura nos da la confianza de que el propio Espíritu de Dios intercede a nuestro favor, clama por nosotros y lo hace de acuerdo con la voluntad de Dios. Eso es lo que Pablo creía, practicaba y lo que enseñó, inspirado por el mismo Espíritu, en múltiples oportunidades a lo largo de sus epístolas. Agradezco mucho a Dios que así sea porque podemos descansar en esta verdad: el poder no está en nosotros, está en nuestro Señor que nos fortalece.

De modo que el resto de este libro vamos a dedicarlo a explorar las oraciones del apóstol Pablo que encontramos entretejidas entre las páginas del Nuevo Testamento, particularmente en las cartas que envió a las distintas iglesias con las que se relacionó. Sin embargo, antes de iniciar esa travesía, me parece pertinente que escuchemos primero la enseñanza sobre la oración que nos dejó Jesús, el mejor de los maestros. Pasemos entonces al primer capítulo.

Más allá de mi
LISTA DE ORACIÓN

 SEÑOR: Enséñanos a orar
(Mateo 6:5-13)

SEÑOR: Ayúdanos a conocerte mejor
y que podamos ver todo lo que tenemos
en ti
(Efesios 1:15-19)

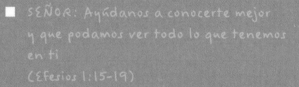 SEÑOR: Nuestras fuerzas son escasas.
Necesitamos tu poder para vivir de este lado
del sol
(Efesios 3:14-19)

CAPÍTULO 1

Ustedes, pues, oren de esta manera:
«Padre nuestro que estás en los cielos,
Santificado sea Tu nombre.
Venga Tu reino.
Hágase Tu voluntad,
Así en la tierra como en el cielo.
Danos hoy el pan nuestro de cada día.
Y perdónanos nuestras deudas, como también nosotros
hemos perdonado a nuestros deudores.
Y no nos dejes caer en tentación, sino líbranos del
mal...». (Mat. 6:9-13)

No recuerdo haber recibido una instrucción específica acerca de cómo orar cuando era pequeña. Creo que fui aprendiendo por imitación mientras escuchaba a mis abuelos. Ellos oraban antes de las comidas, pero, sobre todo, eran creyentes que solían tener un tiempo de lectura de la Biblia y oración al que me invitaban cuando yo estaba en su casa, ¡lo que sucedía a menudo! Mi abuela me leía la Biblia y luego oraba conmigo a la hora de dormir. Esas fueron mis primeras interacciones con la oración como parte de la vida de un creyente.

Me resulta interesante que los discípulos de Jesús le pidieran que les enseñara a orar (Luc. 11). Sin duda, ellos habían crecido escuchando las oraciones en las sinagogas y las de sus padres y familiares. Me pregunto: ¿por qué harían esa petición? ¿No sabían orar? ¿No habían tenido la oportunidad de hacerlo muchas veces? No tenemos una respuesta en el pasaje, pero me atrevo a pensar que cuando vieron orar a Jesús, percibieron que había algo diferente en la manera en que Él hablaba con el Padre, algo que les faltaba y que ahora anhelaban para sus propias vidas de oración. Lucas nos presenta la oración que Jesús enseñó a Sus discípulos como respuesta a su petición y que es conocida como «el Padre nuestro». Una forma más acertada de llamarla es «la oración modelo». Mateo, sin embargo, presenta otros detalles sobre esa enseñanza que nos parecen importantes, así que comenzaremos por su testimonio.

Antes de orar

El contexto de Mateo presenta a Jesús enseñando sobre la oración como parte del «Sermón del Monte», un discurso largo y poderoso donde Él habla a Sus oyentes sobre la nueva vida en el reino. Una parte del discurso se centra en la relación con Dios e incluye, por supuesto, la oración (Mat. 6). Jesús primero les da instrucciones sobre qué hacer y qué no hacer al dar limosnas a los necesitados. Luego les habla de la oración y lo hace de la misma manera, al decirles primero lo que no deben hacer.

> Cuando ustedes oren, no sean como los hipócritas; porque a ellos les gusta ponerse en pie y orar en las sinagogas y en las esquinas de las calles, para ser vistos por los hombres. En verdad les digo que ya han recibido su recompensa. (Mat. 6:5)

Jesús les habla de la disposición del corazón, la actitud al momento de orar. Si fuéramos a usar una frase de nuestros tiempos, podríamos afirmar que les dice: «Nunca oren para buscar el aplauso humano». La recompensa de orar para impresionar a los hombres será los elogios y la admiración humanas. Si es una oración nacida de un corazón que busca la aprobación de otros, entonces estamos hablando de una oración fingida. ¿Esto quiere decir que no debemos orar en público? ¡Claro que no! Los creyentes oran juntos y hacen oraciones en voz alta para expresar al Padre el sentir de todos. Jesús no está condenando la oración en público sino la motivación del corazón. Esa es la razón por la que después leemos el contraste presentado por Jesús:

> Pero tú, cuando ores, entra en tu aposento, y cuando hayas cerrado la puerta, ora a tu Padre que está en secreto, y tu Padre, que ve en lo secreto, te recompensará. (Mat. 6:6)

La idea es orar sin buscar recompensas ni admiración humanas, porque nuestro deseo es dirigirnos al Señor y no a hombres o mujeres. Tampoco oramos para que otros nos aprueben y digan lo bien que lo hacemos y cómo dominamos el lenguaje bíblico. Jesús enfatiza que debemos orar con un corazón humilde que reconoce la majestad de Dios y se enfoca solo en Él. Hay momentos para orar en público y momentos para orar en privado. Los momentos privados nos dan la oportunidad de intimar más en nuestra relación con Dios al derramar delante de Él nuestro corazón.

Luego Jesús vuelve a instruirlos con respecto a lo que no se debe hacer al orar, pero esta vez en relación con el contenido de la oración:

Y al orar, no usen ustedes repeticiones sin sentido, como los gentiles, porque ellos se imaginan que serán oídos por su palabrería. (Mat. 6:7)

La advertencia es clara: orar no es parlotear ni repetir cosas vanas y hablar por hablar, como dicen otras versiones del pasaje (RVR1960, NTV, NVI). Esta era una práctica común en otras religiones y lo sigue siendo hoy. Pero lo cierto es que no solo ocurre entre ellos, sino que muchas de nuestras oraciones también lucen así. A menudo se convierten en repeticiones, por fuerza de la costumbre. A veces, cuando oramos, decimos cosas casi sin pensar o repetimos clichés religiosos, quizá creyendo que con toda esa «palabrería» ganaremos el favor de Dios, cuando lo cierto es que Él ya sabe lo que necesitamos (v. 8). La advertencia de Jesús no implica que no podamos repetir nuestras súplicas una y otra vez, sino que no hagamos de la oración una expresión sin sentido, mecánica y fría.

Entonces, una vez que ha puesto el cimiento en cuanto a qué hacer y qué no hacer al orar, Jesús les presenta el modelo de oración que leemos en Mateo y también en Lucas. Y es justamente eso: un modelo. La idea nunca fue que hagamos de estas palabras otra vana repetición, sino enseñarnos cómo orar.

La oración modelo

Ustedes, pues, oren de esta manera:
«Padre nuestro que estás en los cielos,
Santificado sea Tu nombre.
Venga Tu reino.

Hágase Tu voluntad,
Así en la tierra como en el cielo.
Danos hoy el pan nuestro de cada día.
Y perdónanos nuestras deudas, como también nosotros
hemos perdonado a nuestros deudores.
Y no nos dejes caer en tentación, sino líbranos del mal...»
(Mat. 6:9-13)

A quién oramos

La manera en que Jesús comenzó esta oración era de por
sí revolucionaria para Sus oyentes originales. Dirigirse a
Dios como «Padre» al orar no era común en la cultura judía
del primer siglo. De hecho, los estudiosos señalan que no
existe evidencia de que antes de Jesús alguien usara este término para referirse a Dios.[1] Esta frase encierra intimidad,
cercanía, calidez y, al mismo tiempo, respeto y reveren-
cia. Jesús estaba enseñando a Sus discípulos —y también a
nosotros— que no oramos a un Dios distante, pero tampoco a un «diosito». Nos enseña que oramos a alguien con
quien tenemos una relación única: nuestro Padre. Entonces,
¿quiénes conforman ese grupo de personas reducido que
tiene ese privilegio? Los hijos de Dios. ¿Quiénes son esos
hijos? ¿Todos los seres humanos? El apóstol Juan nos responde en su Evangelio:

> Pero a todos los que lo recibieron, les dio el derecho de
> llegar a ser hijos de Dios, es decir, a los que creen en Su
> nombre, que no nacieron de sangre, ni de la voluntad
> de la carne, ni de la voluntad del hombre, sino de Dios.
> (Juan 1:12-13)

Orar a Dios es una prerrogativa, un privilegio concedido, que hemos recibido por gracia a través de Cristo. Su obra en la cruz nos hizo hijos, nos redimió y nos trajo a la familia de Dios, nos permite llamarlo *Abba*[2] (Rom. 8:15) y nos ha dado libre acceso a Su presencia (Heb. 10:19-22). Ya no necesitamos intermediarios humanos porque Cristo se convirtió en nuestro mediador (1 Tim. 2:5).

Al mismo tiempo, cuando lo llamamos «Padre nuestro», estamos haciendo una declaración de confianza en quién es Dios. Reconozco que esa asociación no es percibida de la misma manera por todos. Quizá no has tenido una buena experiencia con tu padre terrenal o tal vez te abandonó, por lo que la idea de un padre que siempre esté a tu lado, que no cambie de parecer, que sea digno de confianza, que ame y perdone y que lo haya dado todo por salvarte te resulta demasiado lejana o hasta imposible. Puedo entenderte, porque las experiencias que vivimos influyen en nuestra percepción de las relaciones que tenemos, incluida nuestra relación con Dios. Pero Él es distinto, Él es el Padre perfecto en quien podemos confiar plenamente. Todos los padres humanos son modelados a la luz de nuestro Padre celestial, ninguno de ellos podrá igualarlo y, producto de nuestro pecado, muchos darán un pésimo testimonio como padre. Por eso es crucial que conozcamos a Dios a la luz de las Escrituras. La Palabra de Dios nos revela Su carácter y la forma en que ha obrado a lo largo de la historia. Mientras más lo conocemos, más nos asombra el privilegio que tenemos de hablar con este Padre celestial.

Por eso los creyentes no oramos a un ser abstracto y lejano, sino que oramos a Dios el Padre. Además, Jesús añade que oramos al Dios Padre que está en los cielos (Mat. 6:9b), como también lo establece el salmista: «El Señor ha establecido

Su trono en los cielos, y Su reino domina sobre todo»
(Sal. 103:19). Cuando oramos, debemos recordar quién es
el Dios soberano y trascendente que tiene control sobre todas
las cosas y está por encima de todo y todos. Revestir nuestras
oraciones con la verdad del carácter y el poder de Dios provee
una garantía para nuestra oración. No oramos a un dios falso,
impotente y caprichoso, sino al Dios de los cielos, creador,
todopoderoso, misericordioso y soberano.

Tres peticiones que miran hacia arriba

La oración modelo continúa con las peticiones. Podría pare-
cernos la parte más conocida de la oración porque todos
solemos pedirle a Dios que satisfaga nuestras necesidades y
anhelos. Sin embargo, las primeras peticiones no tienen nada
que ver con nuestras necesidades o deseos, sino que ponen
la mirada arriba, en Dios. Esta perspectiva es importante
porque nuestras oraciones tienden a parecer listas presentadas
al genio de la lámpara. Llegamos a Dios con la mentalidad
de máquina dispensadora, donde deposito una moneda para
recibir lo que yo seleccione. La oración que Jesús enseñó no
comienza con nosotros sino con Dios, y como dice Wright:
«La oración que no comienza allí siempre corre el peligro
de concentrarse en nosotros mismos, y muy pronto deja de
ser oración y se derrumba en los pensamientos al azar, los
temores y anhelos de nuestras propias mentes».[3]

Santificado sea Tu nombre

En los tiempos bíblicos, el nombre era una representación de
la persona y su carácter. En este caso, el nombre de Dios es

un reflejo de quién es Él. Pedir que el nombre de Dios sea santificado no es que sea hecho más santo, porque Dios ya lo es y no podemos añadir a Su santidad. Él es Santo, Santo, Santo (Isa. 6:3). En cambio, se trata de un reconocimiento de esa santidad. Es una petición que busca que Dios sea exaltado y que nos recuerda maravillarnos ante Su grandeza. Es una expresión de adoración a Dios. En un mundo que desprecia el nombre de Dios, esta oración pide primeramente que el Señor sea tratado con el honor y la deferencia que solo Él merece.

Venga Tu reino

Los cristianos vivimos en esta tensión que se conoce como el «ya, pero todavía no». ¿Qué quiere decir eso? Que Jesús ya vino y el reino de los cielos ya se acercó a nosotros, pero aún no está establecido para siempre, ya que Él todavía no ha regresado en la nueva creación de la que nos habla Apocalipsis. Cuando oremos debemos dejar, en primer lugar, que esta petición permee nuestra mente: que el reino de Dios venga por completo, que por fin sea establecido en cada lugar y en cada situación. ¡Oremos para que, en nuestras vidas, haya un deseo ardiente de que este reino de Dios se establezca en nuestras mentes, actitudes y deseos!

En segundo lugar, pedir que el reino de Dios venga también implica que anhelamos y pedimos que por fin sea establecido en este mundo para siempre. Nosotros sabemos que Dios reina porque es soberano, pero este mundo pecador no vive con ese reconocimiento. Este mundo sufre, está roto, tiene enfermedades, injusticias, dolor, y eso solo terminará cuando el reino de Dios venga por completo a la tierra. ¡Tenemos que orar por la venida del reino! Miremos a nuestro alrededor y veamos la oscuridad y el dolor que la ausencia del reino de Dios ha traído. Oremos para que el Señor ponga ese deseo ferviente en nuestros corazones; que nos ayude a anhelarlo, porque estamos demasiado enamorados de la realidad imperfecta y hasta dolorosa que nuestros ojos pueden ver. Tendemos a olvidar que hay un mundo mucho mejor que el que ahora tenemos y que solo será posible cuando Cristo consume Su reinado. Oremos para que el reino ya venga. No es casualidad que la Biblia termine con una oración muy similar, ¡ven, Señor Jesús! (Apoc. 22:20b).

Hágase Tu voluntad, así en la tierra como en el cielo

Por un lado, esta petición implica que nos unimos en la convicción de que todo el plan de Dios será consumado, lo que Él orquestó desde el principio tendrá lugar conforme a Su plan perfecto establecido desde la eternidad. Por otro lado, nos hace pensar en nuestra propia obediencia, en que Su pueblo se sujete a Su voluntad.

No sé si has escuchado la historia del joven que estaba «enamorado» de dos muchachas. Una era rubia y la otra trigueña. Como estaba indeciso, empezó a orar por el asunto de la siguiente manera: «Señor, te pido que me ayudes a escoger la mujer que tú quieres para mí. Tú sabes que estas dos me gustan y no sé decidir. Hazme ver cuál quieres que escoja, pero, por favor, ¡que sea la trigueña!». Probablemente te estés riendo ahora, pero la verdad es que, en el fondo, nos parecemos mucho a este joven cuando oramos. Pedimos que se haga la voluntad de Dios solo de la boca hacia afuera.

¿Qué está pidiendo Jesús? Pues, con suma claridad, que la voluntad de Dios sea hecha en todo. ¿Sabes? Solo cuando estamos plenamente convencidos de que Dios es nuestro Padre y de que siempre tiene nuestro bien en mente —como dice Romanos 8:28— es que podemos hacer esta oración. La verdad es que la voluntad de Dios no siempre es algo fácil. Cuando estamos pasando por momentos difíciles, cuando se avecina una situación que nos asusta o preocupa, cuando la enfermedad nos ataca o una pandemia nos pone la vida en pausa y los planes se nos escurren entre las manos, tenemos que orar pidiendo que la voluntad de Dios sea hecha; convencidos de que es buena, agradable y perfecta (Rom. 12:2). Dios Padre, que está en los cielos, siempre tiene un plan, nada lo toma por sorpresa y podemos confiar en Él.

Jesús mismo usó ese tipo de plegaria en Su propia vida. Cuando estaba por ser entregado en favor de todos nosotros, oró así en Getsemaní, ¿lo recuerdas?

> Y adelantándose un poco, cayó sobre Su rostro, orando y diciendo: «Padre Mío, si es posible, que pase de Mí esta copa; pero no sea como Yo quiero, sino como Tú quieras». (Mat. 26:39)

Hay dos cosas que quisiera destacar con respecto a este episodio en la vida de Jesús. Primero, Jesús no fingió ni ocultó cómo se sentía. El Jesús hombre estaba afligido, abrumado, probablemente asustado ante lo que le aguardaba. Lucas nos dice que «oraba con mucho fervor; y Su sudor se volvió como gruesas gotas de sangre, que caían sobre la tierra» (Luc. 22:44). Los estudiosos señalan que es síntoma de un estrés tan fuerte que el cuerpo no lo puede soportar y los vasos capilares se rompen. Jesús nos enseña que orar a nuestro Padre es hacerlo con sinceridad, sin disfrazar lo que sentimos. A fin de cuentas, ¡a Dios no podemos engañarlo! Pero sí podemos engañarnos a nosotros mismos cuando creemos que tenemos que dar una imagen de fortaleza que no tenemos. No, el Padre nos invita a abrir nuestro corazón, a expresar el dolor, la frustración, el temor, el cansancio, la duda, lo que sea. Así oraron también los autores de los salmos y lo expresaron al escribir esos hermosos poemas.

Sin embargo, mientras Jesús confesaba Su agonía y Su deseo de no tener que pasar por la prueba, ¡se sometió al Padre! ¿Por qué? Porque confiaba en Él. Nosotros podemos hacer lo mismo. Podemos confiar en Su voluntad aunque duela, nos asuste y prefiramos un camino diferente.

Tim Keller dijo lo siguiente sobre esta petición: «Si no podemos decir "hágase Tu voluntad" desde el fondo de nuestros corazones, nunca tendremos paz»[4]. Si no confiamos en la voluntad de Dios, ¿dónde crees que está nuestra confianza? Probablemente en lo que nosotros podemos hacer, controlar o prever. Sin embargo, eso nunca nos dará paz, porque lo que nosotros podemos hacer, controlar o prever está limitado por nuestra humanidad imperfecta y finita. ¡No somos Dios! Oremos para que nuestra voluntad, todo nuestro ser, se rinda confiado a Dios.

> Oremos para que nuestra voluntad, todo nuestro ser, se rinda confiado a Dios.

Orar de esta manera gira nuestro corazón hacia Dios, nos quita del trono del egocentrismo, del orgullo que nos engaña. Por eso, el modelo que Jesús dio para orar comienza poniendo nuestros ojos en el Padre, expresándole nuestra adoración, pidiendo Su exaltación, que Su reino venga, que Su voluntad sea hecha. ¿Verdad que eso cambia nuestra perspectiva? Es un reconocimiento de que nuestro mayor deleite está en Él, que Él es nuestra mayor necesidad y nuestra mayor satisfacción. Por eso oramos para que sea hecha Su voluntad.

Peticiones terrenales

Lo que podríamos considerar como la segunda parte de la oración modelo encierra peticiones que he llamado «terrenales» porque ponen su enfoque en necesidades o asuntos debajo del sol y que son parte de la vida de todos.

Danos hoy el pan nuestro de cada día

El pan es un alimento universal y símbolo de lo más básico en la alimentación. Orar por el pan de cada día es sinónimo de orar por nuestras necesidades cotidianas. Consideremos dos puntos importantes en esta petición. Lo primero es comprender que Jesús nos está enseñando a pedir a nuestro Padre por aquellas cosas que necesitamos. De hecho, más adelante nos dice que nuestro Padre conoce bien nuestras necesidades (Mat. 6:32). Es bueno saber que el Padre conoce nuestras necesidades, porque nuestros deseos provienen con frecuencia de un corazón torcido que no sabe bien lo que quiere y mucho menos lo que necesita. A menudo consideramos como necesidad algo que no lo es en realidad. Pero Dios, nuestro Padre, sí está al tanto de aquello que realmente necesitamos. No siempre será como imaginamos o esperamos, pero Él se encargará de suplirlo. Por otro lado, la cultura de consumismo que nos rodea nos hace pensar que «necesitamos» una infinidad de cosas, cuando en verdad podemos vivir con mucho menos de lo que creemos. Por lo tanto, el Señor nos invita a orar por las necesidades, pero descansando en Su omnisciencia, voluntad y provisión.

En segundo lugar, se nos dice que al orar consideremos las necesidades diarias. Es decir, orar por lo de hoy, no por lo de mañana o lo del mes que viene. ¿Quiere decir que no puedo orar por mi futuro? Por supuesto que no es lo que significa.

La Biblia nos enseña que es sabio hacer planes: «Los proyectos del diligente ciertamente son ventaja» (Prov. 21:5a). También nos instruye que pongamos nuestros planes en las manos del Señor (Prov. 16:3). Pero como creyentes, debemos reconocer que nuestro Dios soberano vive por encima del tiempo y lo sabe todo. De modo que no tenemos que vivir ansiosos o preocupados por un mañana que en realidad no nos pertenece. Jesús nos advierte en este mismo discurso que son los gentiles —es decir, los que no conocen al Señor y no pertenecen al reino— los que viven ansiosos y afanados por el mañana, por cosas de la vida material, como la comida y la ropa. La invitación es a vivir confiados en que Dios tiene cuidado de Sus hijos. Esa idea la repite Pablo en la carta a los filipenses:

> Por nada estén afanosos; antes bien, en todo, mediante oración y súplica con acción de gracias, sean dadas a conocer sus peticiones delante de Dios. Y la paz de Dios, que sobrepasa todo entendimiento, guardará sus corazones y sus mentes en Cristo Jesús. (Fil. 4:6-7)

Nuestras peticiones las presentamos a Dios, confiados y sin afán. Las dejamos en Sus manos porque tenemos la convicción de que nuestro Padre tiene un cuidado especial de nuestras vidas y conoce todas nuestras necesidades. Eso produce la paz que quita la ansiedad.

Y perdónanos nuestras deudas, como también nosotros hemos perdonado a nuestros deudores

Esta petición nos lleva a orar por nuestra relación con Dios y con los demás. Pedir perdón a Dios implica confesar nuestros pecados. Sobre este punto me gustaría compartir algo que

escribí en mi libro *Un corazón nuevo* y que nos ayudará a
ganar en claridad:

> Quizá te preguntes por qué tendríamos que hacer esto si
> ya Cristo perdonó todos nuestros pecados en la cruz. A
> través de la obra de Cristo hemos recibido el perdón de
> nuestros pecados y ahora tenemos paz con Dios, pero tam-
> bién estamos en un proceso de santificación que involucra
> luchar con el pecado que todavía nos asedia por el resto de
> nuestras vidas. Por lo tanto, confesar nuestros pecados es un
> reconocimiento de quiénes somos y quién es Dios. Confesar
> nuestros pecados nos permite mantener la comunión con
> Dios y con nuestra familia de la fe.
>
> Es importante también afirmar que dejar de confesar nuestro
> pecado es peligroso porque endurece e insensibiliza nuestro
> corazón. Esto hace que, lo que ayer veíamos como pecado,
> poco a poco va dejando de serlo ante nuestros ojos. La buena
> noticia es que, a pesar de nuestro pecado, tenemos un Dios
> bueno que está pronto a darnos Su perdón, no porque lo
> merezcamos, sino porque derrama Su misericordia sobre noso-
> tros. Juan escribió su primera carta a cristianos. Esta carta fue
> escrita para nosotros, la Iglesia, en aquel entonces y también
> ahora. Allí encontramos estas palabras amorosas del apóstol:
>
> > «Si confesamos nuestros pecados, Él es fiel y justo
> > para perdonarnos los pecados y para limpiarnos de
> > toda maldad». (1 Jn. 1:9)[5]

Jesús nos enseña en este modelo de oración a hacer de la
confesión una práctica cotidiana. Nos invita a venir delante
del Señor buscando Su perdón al confesar nuestros pecados.
Además, nos habla de nuestras relaciones interpersonales,
porque confesar nuestros pecados no solo es una cuestión

vertical, en nuestra relación con Dios, sino también horizontal, en nuestra relación con los demás. El apóstol Santiago lo expresa así:

> Por tanto, confiésense sus pecados unos a otros, y oren unos por otros para que sean sanados... (Sant. 5:16)

Esto es mucho más fácil decirlo o escribirlo que practicarlo, ¿verdad? Una de las razones es el orgullo, el pecado de no querer ser humildes. Jesús nos enseña en este mismo sermón que antes de llegar con nuestra ofrenda —es decir, antes de ofrecer a Dios nuestra adoración—, debemos buscar restaurar las relaciones dañadas. Sabemos que las relaciones humanas son difíciles y complicadas, pero Jesús nos enseña a orar para pedirle perdón a Dios por nuestros pecados y también para perdonar a los que nos ofenden. El apóstol Pablo entiende esta dificultad y por eso les aconseja esto a los lectores romanos y también a los efesios:

> Si es posible, en cuanto de ustedes dependa, estén en paz con todos los hombres. (Rom. 12:18)

> Sea quitada de ustedes toda amargura, enojo, ira, gritos, insultos, así como toda malicia. Sean más bien amables unos con otros, misericordiosos, perdonándose unos a otros, así como también Dios los perdonó en Cristo. (Ef. 4:31-32)

Y no nos dejes caer en tentación, sino líbranos del mal

Santiago nos dice en su carta que Dios no tienta a nadie (Sant. 1:13). La oración no está pidiendo que Dios no nos tiente, sino que el Señor nos libre de caer en situaciones que pudieran tentarnos a pecar, que nos ayude a no contemplar siquiera la posibilidad de pecar. Esta petición nos enseña a que oremos también para que cuando lleguen esas situaciones difíciles, que muchas veces nos prueban, no cedamos a la tentación de pecar. Agustín dijo que toda la vida del cristiano es una tentación. ¿Por qué? Porque estamos en un mundo caído donde el pecado impera. ¿Cómo comenzó todo el mal de la humanidad? Con una tentación, con una pregunta que tentó a Eva a dudar de Dios. De hecho, a Satanás también se le llama el tentador, y fue quien tentó a Jesús en el desierto (Mat. 4:3). ¿Qué nos hace creer que no tratará de hacerlo constantemente con nosotros?

> Podemos orar en el momento de la tentación porque Cristo, aunque fue tentado en todo, no pecó y venció el pecado y la muerte.

Lo grandioso es que podemos orar en el momento de la tentación porque Cristo, aunque fue tentado en todo, no pecó y venció el pecado y la muerte. Ahora Él intercede ante el Padre a nuestro favor:

> Porque no tenemos un Sumo Sacerdote que no pueda compadecerse de nuestras flaquezas, sino Uno que ha sido tentado en todo como nosotros, pero sin pecado. Por tanto, acerquémonos con confianza al trono de la gracia para que recibamos misericordia, y hallemos gracia para la ayuda oportuna. (Heb. 4:15-16)

«El mal» podría traducirse también como «el maligno» en la segunda parte de esta petición. Ahora bien, sabemos que este mundo está bajo la influencia del maligno. Él busca nuestro mal, se deleita en el mal y quiere arrastrarnos con él porque sabe cuál es su destino final. Su presencia es muy real de este lado de la eternidad. De modo que ambas peticiones están relacionadas. Pedimos al Padre que nos libre de la tentación y que nos libre del maligno. Quisiera destacar que los creyentes no tenemos que vivir con temor de lo que el enemigo pueda hacernos, porque la Escritura nos dice que «el Señor es fiel y Él los fortalecerá a ustedes y los protegerá del maligno» (2 Tes. 3:3). No estamos solos ni a merced del mal.

En Su providencia, el Señor nos dejó un modelo de oración que hemos explorado en este capítulo. Los creyentes de todas las generaciones han usado estas palabras y las han hecho suyas. La invitación sigue en pie para nosotros también. Nosotros también somos hijos y discípulos y tenemos que pedirle al Señor cada día que nos enseñe a orar y que lo hagamos de una manera que lo glorifique, con la agenda del reino en primer lugar.

Veremos a continuación el legado de oración que nos dejó el apóstol Pablo en sus escritos y lo que podemos aprender de él.

Más allá de mi
LISTA DE ORACIÓN

- Señor: Enséñanos a orar
  (Mateo 6:5-13)

- Señor: Ayúdanos a conocerte mejor
  y que podamos ver todo lo que tenemos
  en ti
  (Efesios 1:15-19)

- SEÑOR: Nuestras fuerzas son escasas.
  Necesitamos tu poder para vivir de este lado
  del sol
  (Efesios 3:14-19)

CAPÍTULO 2

Por esta razón también yo, habiendo oído de la fe en el Señor Jesús que hay entre ustedes, y de su amor por todos los santos, no ceso de dar gracias por ustedes, mencionándolos en mis oraciones, pido que el Dios de nuestro Señor Jesucristo, el Padre de gloria, les dé espíritu de sabiduría y de revelación en un mejor conocimiento de Él.

Mi oración es que los ojos de su corazón les sean iluminados, para que sepan cuál es la esperanza de Su llamamiento, cuáles son las riquezas de la gloria de Su herencia en los santos, y cuál es la extraordinaria grandeza de Su poder para con nosotros los que creemos, conforme a la eficacia de la fuerza de Su poder. (Ef. 1:15-19)

Sé que lo que voy a decir a continuación me coloca en un marco histórico lejano, pero aun así correré el riesgo. Mi primera experiencia con un teclado no fue con el de una computadora, sino con el de una máquina de escribir, de las antiguas, completamente mecánica. En casa de mis abuelos, había dos. Crecí escuchando el sonido rítmico de sus teclas y el alegre tintinear de la campanita en la palanca de retorno cuando se llegaba al final de una línea. Una de esas máquinas era de la marca Underwood y su dueño era mi tío abuelo Luis Manuel. Fue un ministro del Señor que sirvió como pastor, evangelista, profesor, rector de seminario y también escritor. Escribió libros, investigaciones, artículos para revistas, currículos, cientos y cientos de sermones; pero, sobre todo, escribió muchas cartas.

Recuerdo muy claramente a mi tío frente a su máquina, mientras respondía cartas de alumnos con preguntas teológicas, entregaba consejos a pastores amigos que los necesitaban y aliento a los misioneros en el campo, respuestas a misivas de familiares y también de personas, en cierto modo desconocidas, a quienes encontraba durante sus muchos y continuos viajes mientras predicaba y enseñaba. Guardo algunas de estas cartas que me escribió para tratar asuntos personales durante mi juventud. Es un tesoro releerlas luego de todos estos años.

Sin embargo, el arte de escribir cartas está muriendo poco a poco. El mundo digital, con los correos electrónicos y la mensajería instantánea, ha reemplazado lo que por siglos fue la forma de comunicación más común. Desde edictos reales hasta la intimidad del romance, las cartas fueron un medio que no solo servía para conectar mundos y corazones, sino que también constituyen un archivo histórico que permite descubrir el pasado. Las epístolas de antaño han abierto ventanas a mundos que no conocimos, nos revelan las intenciones de héroes y antihéroes y nos muestran secretos que, de otra manera, habrían quedado enterrados entre capítulos ocultos de la historia.

La Biblia no es la excepción. Entre sus tapas se encuentran veintiuna cartas o epístolas, todas dentro del Nuevo Testamento. Trece de esas epístolas llevan la autoría del apóstol Pablo. Sin embargo, es posible que a nuestros ojos modernos les resulte difícil verlas como cartas. La manera en que están escritas difiere mucho de la forma en que hoy pensamos en una carta. Ya que las oraciones que vamos a explorar están entretejidas entre los párrafos de las epístolas paulinas, considero oportuno que comencemos por aprender un poco de las epístolas del Nuevo Testamento. Veamos algunas de las características de este género literario que le era tan familiar al apóstol Pablo.

Las epístolas bíblicas

Todavía recuerdo cuando me enseñaron a escribir cartas en la escuela. Lo primero que debía incluir era el lugar y la fecha de redacción. Esta es la primera diferencia que podemos notar cuando leemos las cartas del Nuevo Testamento. No comienzan con la fecha ni mencionan el lugar donde se encontraba el autor. Por eso se hace difícil determinar estos datos en la mayoría de las cartas bíblicas. Los estudiosos toman en consideración evidencias tanto dentro del texto como fuera del mismo para obtener la fecha y el lugar de escritura. No obstante, la mayoría de las cartas neotestamentarias sí nos informan sobre quién las escribió y el destinatario.

Otra característica particular de las epístolas es su estructura. En general tienen este orden: inicio, cuerpo y despedida. En el inicio, encontramos al remitente o autor, se menciona también el destinatario, se incluye un saludo y con frecuencia una oración o expresión de gratitud. De inmediato se pasa al cuerpo de la epístola —es decir, su contenido—, que es, lógicamente, la sección más larga. Aunque no es igual en todas las cartas del Nuevo Testamento, las cartas de Pablo tienden a presentar un cierto patrón para esta sección. La primera parte incluye afirmaciones doctrinales y la segunda está conformada por exhortaciones que se derivan de las afirmaciones anteriores. La última sección es la despedida, cuyo contenido es diverso. Es común encontrar saludos personales, peticiones de oración, mención del amanuense o escribano, recomendaciones, bendiciones o alguna doxología.

Es posible que te estés preguntando: ¿por qué hay cartas en el Nuevo Testamento? No había costumbre entre los judíos de usar este tipo de comunicación como un medio de enseñanza. Sin embargo, era parte de la vida de la iglesia primitiva y era también un método de comunicación popular en el mundo grecorromano del Nuevo Testamento. Es probable que una de las razones para la proliferación epistolar en la iglesia haya sido que el movimiento cristiano se expandió rápidamente y la enseñanza por carta era una manera de alcanzar con las instrucciones a más personas en lugares distantes. Por otro lado, brindaban un sentido de cercanía y presencia personal, algo que se percibe claramente al leer muchos de estos textos hoy. Algunos comentaristas señalan que las cartas eran un modo de responder a la necesidad que tenían los apóstoles de pastorear a sus rebaños distantes.[1]

Algo que no podemos pasar por alto es que las cartas no son textos narrativos como sucede, por ejemplo, con los Evangelios o Hechos de los Apóstoles. Las cartas tienen un propósito diferente. No son necesariamente tratados teológicos, ¡aunque al leer Romanos, podríamos pensar algo así! Las cartas se enfocan principalmente en dar respuesta a problemas específicos que surgieron en las iglesias a quienes están dirigidas o para tratar asuntos personales. Por ejemplo, en Colosenses, percibimos que Pablo está lidiando con la infiltración de falsos maestros; en Corintios, encontramos a Pablo enfrentando desorden en los cultos o problemas de pecado que debían solucionarse, y Pablo intercede a favor de un hermano en la fe en la carta a Filemón. Tener en cuenta el propósito de las cartas nos ayuda a la hora de entender lo que dice el autor. Los lectores debemos buscar comprender las circunstancias que los recipientes de las cartas estaban viviendo para poder aplicar sus enseñanzas de manera correcta y fiel.

Por lo tanto, no podemos ignorar los motivos y el propósito de las cartas al leer las oraciones de Pablo que aparecen en ellas. Las epístolas no solo nos darán un vistazo de la situación de la iglesia o la persona a quien la carta se dirige, sino que además podremos conocer mejor el corazón detrás de la pluma que la redactó.

La Carta a los Efesios

Aunque es difícil escoger un libro favorito en la Biblia, la Carta a los Efesios se encuentra entre los que más he leído y considero que el Señor la ha usado en mi vida de manera muy especial. En ese sentido, la considero como favorita. La primera oración del apóstol Pablo que vamos a explorar se encuentra precisamente en esa carta. Sin embargo, siguiendo las recomendaciones que acabo de hacer, antes de adentrarnos en el tema de la oración de Pablo, es necesario tener una idea general sobre esta carta.

La sección inicial atribuye la autoría a Pablo (Ef. 1:1). Además, se reconoce a los destinatarios como «los santos que están en Éfeso» (Ef. 1:1). Muchos estudiosos piensan que la carta no solo edificó a la iglesia de Éfeso, sino que también circuló entre varias iglesias de Asia Menor y Tíquico fue el encargado de hacerla llegar (Ef. 6:21). Efesios es una de las llamadas «epístolas de la cárcel» junto con Filipenses, Colosenses y Filemón. En este caso, Pablo mismo reconoce que está «prisionero» (Ef. 3:1; 4:1). Como ya dijimos, no era costumbre incluir la fecha de redacción, pero debido a la alusión al encarcelamiento, que se asocia con el final de la vida de Pablo, la mayoría ubica esta carta durante los primeros años de la década del 60 d.C.

A diferencia de sus otras epístolas, una lectura completa de Efesios nos permite descubrir que Pablo no escribe la carta porque hubiera que resolver un problema específico. Al parecer, el objetivo era proveer instrucción para sus lectores. El cuerpo de la carta podría dividirse en dos secciones principales. La primera parte presenta una explicación clara del evangelio y la obra redentora de Cristo que hizo de dos pueblos —judíos y gentiles— uno solo. La segunda parte son instrucciones a sus lectores sobre cómo vivir bajo la nueva identidad que tienen como creyentes. Es interesante que cada una de estas secciones incluye una oración. Ahora nos enfocaremos en la primera de estas oraciones.

Pablo ora por un mejor conocimiento de Dios

Como hemos dicho, era común que las cartas del mundo grecorromano incluyeran, luego del saludo, un reporte de oración o una expresión de gratitud hacia los dioses o a un dios específico. Pablo era parte de esa cultura y con frecuencia seguía este modelo en sus cartas, aunque de manera diferente. Si leemos todo el primer capítulo de Efesios, encontraremos que luego del saludo inicial, el apóstol escribe hermosas palabras de bendición y alabanza a Dios (vv. 3-14).

Las razones para esta proclamación exuberante son varias: Dios es soberano, ha dado a Cristo como nuestro redentor, ha escogido a los suyos desde la eternidad y para la eternidad, los ha adoptado, han sido sellados con el Espíritu Santo y les ha otorgado una herencia. Este es el fundamento sobre el cual Pablo ora como lo hace en esa primera oración.

Además, como suele hacer en otras de sus cartas, el apóstol expresa mucha gratitud por la fe en el Señor Jesús que encuentra en los creyentes efesios, una fe que se traduce en amor. La gratitud de Pablo no era ocasional o fortuita, sino una práctica constante en su vida (1:16). Al mismo tiempo, esa gratitud lo motiva a interceder y elevar una oración a favor de estos hermanos de Éfeso.

Pablo dirige su oración al Dios de nuestro Señor Jesucristo —poniendo énfasis en el Cristo encarnado y Su identidad como Hijo de Dios— dirigiéndose al Padre de gloria, es decir, la fuente de toda gloria. Con estas palabras busca reforzar en los efesios —dado su trasfondo pagano— quién es el objeto de oración de los creyentes y, al mismo tiempo, deja en claro que es a través de Cristo que tenemos acceso a Dios. Nuestras oraciones no requieren de otro intermediario, Jesucristo desempeña ese rol e hizo posible el acceso directo al Padre de gloria (1 Tim. 2:5). La expresión «el Padre de gloria» apunta a la grandeza de Dios y a Su soberanía. Pablo ora al Dios que tiene todo bajo Su control, quien ha escrito la historia, da órdenes al viento y crea al mundo de la nada solo con Sus palabras. Pablo ora al Padre de gloria y eso también constituye un recordatorio de que estar en gloria junto a Él es nuestro destino final (Col. 3:4). Ese es el Dios a quien Pablo oraba y a quien nosotros hoy oramos también. ¡Aleluya!

Él intercede para que Dios les conceda un «espíritu de sabiduría y revelación» (1:17). Pero ¿qué quiere decir con esto? ¿A qué se refiere el apóstol cuando habla de un espíritu con esas características? La lectura del original griego hace pensar que podría referirse a una disposición del corazón, pero el consenso general es que se trata de una referencia al Espíritu de Dios, el único que puede impartir tal sabiduría y revelación. No obstante, no perdamos de vista el porqué de la petición. La súplica de Pablo es que estos creyentes, mediante el Espíritu Santo, puedan llegar a un mejor conocimiento de Dios.

Creo que esta oración por sabiduría va más allá de la sabiduría que necesitamos para manejarnos en esta vida o para saber qué decisión tomar en un momento dado (aunque la Biblia sí nos exhorta a orar de esta manera en otros lugares). Orar por revelación tampoco tiene que ver con lo que el mundo considera oculto o misterioso; no es un asunto de secretos. La oración de Pablo es por una sabiduría y revelación de otra dimensión que nos permita llegar a un mejor entendimiento de las Escrituras y de la obra de Dios en este mundo. Se trata de un entendimiento espiritual y personal que, por ejemplo, sobrepase lo que podemos conocer acerca de Dios en la creación. Es un entendimiento que no está al alcance de los que no conocen a Cristo porque el Espíritu de Dios no habita en ellos ni los guía a toda verdad (Juan 16:13; 1 Cor. 2:9). Pablo está orando para que el Señor les conceda a los efesios un tipo de sabiduría y revelación que les permita conocer mejor a Dios. Es decir, ya lo conocían, pero queda mucho por aprender, conocer y descubrir sobre quién es Dios.

¿Cuándo fue la última vez que oramos para conocer mejor a Dios? Escribo la pregunta y me incluyo, porque es posible que no sea una petición frecuente en nuestras oraciones. Sin embargo, no deberíamos conformarnos con lo que ya hemos aprendido sobre nuestro Dios porque nunca podremos llegar a conocerlo por completo de este lado de la eternidad. Nuestra mente es finita y limitada; Dios es inconmensurable y excede nuestro intelecto. Sin embargo, podemos conocerlo cada vez más. Él se ha revelado en Su Palabra y nos corresponde orar para conocerlo mucho más (Jer. 9:24). ¡Podemos orar como lo hizo Pablo por los efesios y pedirle a Dios mismo que nos ayude! No tenemos que conformarnos con un conocimiento limitado o mínimo de Dios, sino orar como Pablo por ese mismo espíritu de sabiduría y revelación para nuestras vidas. Mientras más lo conocemos, más lo amamos y más nos asombramos de Su grandeza, gracia y misericordia.

Pablo ora por corazones que puedan ver todo lo que tienen en Cristo

La oración de Pablo continúa y ahora pide a Dios que los ojos del corazón de sus lectores sean iluminados (1:18). Cuando habla del corazón, se está refiriendo a la centralidad de nuestra persona, nuestra mente y nuestro entendimiento con sentimientos. El apóstol usa esta frase metafórica para pedir que haya en los efesios una comprensión clara de las bendiciones que ahora tienen en Cristo, todas las que ya había descrito en los primeros catorce versículos de la carta. Nuestro corazón debe iluminarse para que pueda ver con claridad que fuera de Cristo vivimos en oscuridad y que la percepción intelectual de nuestro corazón es como la imagen que produce un espejo empañado. ¿En qué sentido está «empañado»? Está cubierto, oscurecido y borroso producto del pecado, las malas experiencias, nuestros prejuicios y perjuicios, criterios humanos errados y muchas de las mentiras que nos hemos creído. Todo eso nos hace ver la realidad oscura y borrosa.

Recuerdo una mañana, hace ya varios años. Era uno de los tantos días en que manejo de aquí para allá en una ciudad donde el tráfico no descansa. Era temprano y como iba de este a oeste, el sol quedaba a mis espaldas. A lo lejos, vi algo que parecía humo y, ya que no era la primera vez, oré: «Oh, Dios, por favor, que no sea un incendio». Vivo donde hay zonas forestales y de vez en cuando se producen incendios producto de la sequía combinada con la indolencia de la población.

Seguí manejando mientras se acercaba cada vez más a lo que a mis ojos parecía una columna de humo. Otro pensamiento cruzó mi mente en ese instante: *Pero hace pocos días llovió, es muy difícil que ocurra otro incendio...* Allí me di cuenta de que tenía el sol a mis espaldas, era muy temprano y ¡llevaba puestas mis gafas de sol! En cuanto me las quité, la supuesta columna de humo se mostró tal cual era: solo nubes oscuras, algo de la noche que estaba comenzando a disiparse ante los rayos del sol.

¿Acaso no nos ocurre así muchas veces en la vida, un empañamiento borroso que no nos permite ver con claridad? Pablo habla de eso en otra carta: «Ahora vemos todo de manera imperfecta, como reflejos desconcertantes, pero luego veremos todo con perfecta claridad» (1 Cor. 13:12, NTV). Ese día yo estaba mirando el horizonte de manera imperfecta, a través de mis gafas oscuras. Vi un reflejo desconcertante, algo que me hizo pensar en un incendio, pero era solamente una visión distorsionada que me hacía interpretar la realidad de una manera equivocada.

Nuestros propios ojos solo pueden mirar la vida de manera imperfecta. Eso hace que terminemos viendo reflejos distorsionados. Por eso necesitamos orar para que el Señor ilumine los ojos de nuestro corazón, nuestro entendimiento. El salmista estaba también convencido de esto cuando escribió:

> Porque en Ti está la fuente de la vida;
> *en Tu luz vemos la luz.*
> (Sal. 36:9, énfasis de la autora)

El Señor es la luz que ilumina nuestro entendimiento para que veamos claridad meridiana, tal como Él observa todas las cosas. Por eso Pablo ora para que ellos puedan ver, es decir, que dejen de mirar las cosas tras el lente equivocado y así puedan conocer y comprender *la esperanza que ya gozan*. En otra versión dice: «para que sepan a qué esperanza Él los ha llamado» (NVI).

¿De qué esperanza estaba hablando Pablo? El pasaje dice «la esperanza de Su llamamiento» (1:18). Los llamados son aquellos que han alcanzado la salvación y que aguardan o esperan esa parte de la obra de salvación que será completada en el futuro, cuando estemos para siempre con Cristo. Es la esperanza en la promesa de que los llamados seremos perfeccionados y glorificados cuando todo este mundo haya pasado. Compartiremos la gloria de Dios gracias a la obra de Cristo, tal y como Pablo escribe a los cristianos de Colosas, «cuando Cristo, nuestra vida, sea manifestado, entonces ustedes también serán manifestados con Él en gloria» (Col. 3:4).

Cuando la Biblia —específicamente, el Nuevo Testamento— nos habla de esperanza, no se refiere simplemente a un deseo de que todo salga bien o al cumplimiento de anhelos según los términos humanos. La esperanza bíblica es la convicción de que Dios cumplirá lo que, en Cristo, ha prometido a los suyos. La convicción de Pablo en cuanto a la esperanza de los creyentes es tal que afirma que ya está reservada para nosotros en los cielos (Col. 1:5).

Cuando Pablo escribió a los colosenses les recordó que la esperanza de los creyentes es Cristo (Col. 1:27) y les dijo a los creyentes en Roma que nos gloriamos en esa esperanza (Rom. 5:5). Nuestra esperanza es futura, eterna e inconmovible. Nuestra esperanza descansa en la salvación que hemos recibido por gracia a través de la obra de Jesucristo. No reposa en nada que hayamos hecho ni que podamos hacer; nuestra esperanza está en lo que ya hizo Cristo. Gracias a esa obra salvadora, podremos recuperar lo que se perdió en Edén como consecuencia del pecado y así vivir para siempre en la presencia misma de Dios. ¡Eso es motivo de esperanza! Por eso Pablo oraba para que los ojos de los efesios fueran abiertos, para que pudieran ver con claridad que Dios los ha llamado a esperanza.

> Necesitamos orar para que nuestro corazón recuerde que la esperanza del cristiano descansa en Cristo y en una eternidad con Él.

Nosotros debemos seguir el ejemplo de Pablo y también debemos orar para que la luz del Señor ilumine nuestro corazón y podamos ver más allá de las circunstancias y del mundo que nos rodea. Necesitamos orar para que nuestro corazón recuerde que la esperanza del cristiano descansa en Cristo y en una eternidad con Él.

Pablo ora para que los cristianos no olviden su identidad y cuánto valen para Dios

La siguiente petición de Pablo es que, al iluminarse los ojos del corazón, estos creyentes puedan comprender *el valor que Dios les concede* (Ef. 1:18b).

Pablo presentó en la primera parte de su carta lo que conocemos también como las bendiciones espirituales en Cristo o beneficios de la redención (Ef. 1:3-14). Él afirma que los creyentes hemos recibido el estatus de herederos de Dios, se nos ha concedido una herencia en Cristo que está garantizada mediante la presencia del Espíritu Santo en nuestras vidas (Ef. 1:14). También sostiene que, por estar en Cristo, tienen una herencia que no cambia, sino que fue determinada desde la eternidad por un Dios soberano que obra «conforme al consejo de Su voluntad» (Ef. 1:11).

Pablo continúa intercediendo en esta parte de la oración y pide a Dios que alumbre los ojos espirituales de estos creyentes para que puedan comprender que Dios mismo los ve como Su herencia. Ahora les dice que ora para que ellos sepan «cuáles son las riquezas de la gloria de Su herencia en los santos» (Ef. 1:18). ¿Te percatas? ¡Es maravilloso! Pablo está diciendo que el pueblo de Dios constituye una herencia para Él mismo. Esta idea la había presentado antes cuando llama a los escogidos de Dios Su «posesión adquirida» (Ef. 1:14) y ora de esta manera porque, como bien afirma F. F. Bruce:

> [Que Dios] le conceda tan alto valor a una comunidad de pecadores, rescatados de la perdición y que todavía conservan muchas huellas de su estado anterior, muy bien podría parecer increíble si no quedara claro que Él los ve en Cristo, puesto que desde el principio los escogió en Cristo.[2]

Dicho con otras palabras, Pablo está orando para que no olviden la nueva identidad que tienen en Cristo y que han recibido, como todas las demás bendiciones, por gracia.

El valor que tenemos no se debe a nosotros mismos, sino a que ahora estamos en Cristo, hemos sido redimidos por Su sangre y por eso constituimos una posesión preciosa para Dios. Estamos para siempre unidos con Cristo, nada nos puede separar de Él ni de Su amor (Rom. 8:35-38). Cuando las dificultades se acrecientan y tal vez el desánimo o la duda nos asaltan, podemos orar como Pablo para que nuestros ojos vean con claridad quiénes somos ahora y las riquezas a las que tenemos acceso, las riquezas de la gloria de Dios.

> Oremos como Pablo para que nuestros ojos vean con claridad quiénes somos ahora y las riquezas a las que tenemos acceso, las riquezas de la gloria de Dios.

Pablo ora para que vean el poder de Dios que obra a su favor

La última petición de esta oración intercesora es para que al ser iluminados —cuando Dios abra sus ojos y entendimiento— puedan comprender *el poder de Dios a favor de los creyentes* (1:19). Pablo es bastante enfático en este punto y usa varias palabras para referirse al poder de Dios que obra en los creyentes y a su favor: «la extraordinaria grandeza de Su poder para con nosotros los que creemos, conforme a la eficacia de la fuerza de Su poder» (Ef. 1:19).

Los efesios procedían de un mundo donde la magia y el ocultismo eran parte de la cultura popular. Lucas nos da a conocer un poco del trasfondo de esta iglesia (Hech. 19). Algunos de los nuevos creyentes habían participado de estas prácticas esotéricas (Hech. 19:19). Era común la idea de que estas fuerzas oscuras tenían algún tipo de poder sobrenatural. Pablo no quiere que los creyentes de Éfeso se queden con esas ideas equivocadas y por eso ora para que puedan comprender que el poder de Dios está por encima de todas las autoridades de las tinieblas y obra para beneficio del creyente. Se trata del mismo poder que levantó a Cristo de los muertos, que lo llevó a reinar nuevamente junto al Padre y sometió todo bajo Su dominio, como añade en los versículos que siguen:

> Ese poder obró en Cristo cuando lo resucitó de entre los muertos y lo sentó a Su diestra en los lugares celestiales, muy por encima de todo principado, autoridad, poder, dominio y de todo nombre que se nombra, no solo en este siglo sino también en el venidero. Y todo lo sometió bajo Sus pies... (Ef. 1:20-22a)

En un capítulo posterior, hablaremos más del tema del poder de Dios, pero esta oración expresa con claridad el anhelo de Pablo de que las vidas de estos creyentes sean un reflejo del poder de Dios y de que vivan en paz sabiendo que Dios es todopoderoso y soberano.

Una nueva lista de oración

El propósito de este libro es que conozcamos los motivos y las peticiones que el apóstol Pablo presentaba delante de Dios y cómo esas oraciones podrían llegar a ser también nuestras. Hemos aprendido en este capítulo que una de las peticiones fundamentales de todo cristiano es orar para conocer mejor a Dios, para que el Señor nos ayude a comprender la esperanza de nuestro llamamiento ahora que somos parte del pueblo de Dios, la nueva identidad que hemos recibido en Cristo y el poder que ahora vive en nosotros por la obra de Cristo en la cruz.

Me gustaría invitarte, antes de acabar con este capítulo, a meditar en todo lo que hemos compartido y luego redactar tu propia oración.

¿Cuáles son las peticiones más recurrentes en tus oraciones?

....
....
....
....
....
....
....
....
....
....
....

¿Cómo crees que esta oración de Pablo impacta la forma en que te expresas en tu propia vida de oración?

....
....

....
....
....
....
....
....
....
....

Después de leer este capítulo, ¿cuál de estas peticiones tiene mayor relevancia en tu caminar con el Señor en este momento? ¿Por qué?

....
....
....
....
....
....
....

Escribe tu propia oración tomando como base e inspiración Efesios 1:15-19.

....
....
....
....
....
....
....

Más allá de mi
LISTA DE ORACIÓN

 Señor: Enséñanos a orar
(Mateo 6:5-13)

Señor: Ayúdanos a conocerte mejor
y que podamos ver todo lo que tenemos
en ti
(Efesios 1:15-19)

Señor: Nuestras fuerzas son escasas.
Necesitamos tu poder para vivir de este lado
del sol
(Efesios 3:14-19)

CAPÍTULO 3

Por esta causa, pues, doblo mis rodillas ante el Padre de nuestro Señor Jesucristo, de quien recibe nombre toda familia en el cielo y en la tierra. Le ruego que Él les conceda a ustedes, conforme a las riquezas de Su gloria, el ser fortalecidos con poder por Su Espíritu en el hombre interior; de manera que Cristo habite por la fe en sus corazones. También ruego que arraigados y cimentados en amor, ustedes sean capaces de comprender con todos los santos cuál es la anchura, la longitud, la altura y la profundidad, y de conocer el amor de Cristo que sobrepasa el conocimiento, para que sean llenos hasta la medida de toda la plenitud de Dios.

Y a Aquel que es poderoso para hacer todo mucho más abundantemente de lo que pedimos o entendemos, según el poder que obra en nosotros, a Él sea la gloria en la iglesia y en Cristo Jesús por todas las generaciones, por los siglos de los siglos. Amén. (Ef. 3:14-21)

Hace años, mi esposo me regaló uno de esos espejos que tienen dos lados, uno con aumento y el otro no. Aunque se lo agradecí, por mucho tiempo lo dejé bien guardado en una gaveta. No creía necesitarlo mucho en aquel momento y en verdad no me atraía la idea de mirarme en el lado con aumento. ¡Demasiado revelador!

Cada pequeña línea que comenzaba a asomar junto a los ojos o a dibujarse tímida en la frente se hacía innegable en ese lado del espejo. Sin embargo, algunos años después, le pedí a mi esposo que lo colocara en el baño, porque mi vista no era la misma y el otro espejo que tengo está más lejos. Ahora, aunque veo mucho de lo que quisiera que no estuviera allí, ¡lo necesito!

Tal vez te sientas tentado a saltar este capítulo pensando que el tema de los años, la vista que falla y las inevitables arrugas no son parte de tu realidad o porque el asunto en sí no te agrada mucho, pero lo cierto es que la llegada de ese momento es ineludible. Tarde o temprano, nos enfrentamos a un cuerpo cuya piel pierde lozanía, una mente que no será tan ágil como acostumbraba, ojos que pierden el brillo y músculos con menos fortaleza, y nos vamos percatando poco a poco de que la fuerza de los años jóvenes es efímera. Si bien poderosas industrias lucran ofreciendo la promesa de una eterna juventud, sabemos muy bien que se trata de una promesa imposible de cumplir. Estamos bajo los efectos del pecado, somos parte de un mundo caído, donde la salud y la juventud se nos escabullen entre los dedos más rápido que el agua. Pablo lo entendía muy bien y por eso su oración por los efesios no está enfocada en lo externo, sino en aquello que cruzará el umbral de la eternidad, lo que él denomina «nuestro hombre interior». Ese es el tema al que dedicaremos las páginas de este capítulo.

Una segunda oración por los efesios

No repetiré las características de la carta a los efesios, pero si necesitas recordar los detalles, puedes regresar a la página 35.

Muchas de las epístolas de Pablo se caracterizan por tener una primera sección de verdades teológicas a manera de fundamento doctrinal al desarrollo de la carta. A estas verdades se las conoce como los «indicativos» que nos revelan el glorioso carácter de Dios, la majestuosidad de Su persona, Su obra poderosa y misericordiosa, y lo que ahora somos como resultado de Su amor y plan perfecto a nuestro favor. Luego sigue una sección de aplicación de dichas afirmaciones o lo que se conoce como «imperativos» o mandamientos, es decir, lo que debemos hacer ahora que conocemos quién es Dios, Su obra y nuestra nueva identidad en Él. Es importante que comprendamos este orden porque, de lo contrario, nos puede suceder que vivamos esclavos de las obras, es decir, haciendo cosas para Dios, dependiendo de nuestra propia obediencia para intentar lograr Su aprobación. Es un esfuerzo infructuoso. Seguimos muertos en nuestros pecados si antes no hemos descubierto el carácter santo, amoroso de nuestro buen Dios y Su plan perfecto de redención en Cristo a nuestro favor. Por eso Pablo se detiene primero a darnos cuenta del evangelio, las buenas noticias, para luego llamarnos a vivir de acuerdo con esa grandísima realidad espiritual que ahora es posible en Cristo.

Ese es el caso de la Carta a los Efesios. Es interesante que las dos secciones están ancladas en oraciones del apóstol. La primera sección de la carta inicia con la oración que exploramos en el capítulo anterior de este libro. En el capítulo 3, nos encontramos con una segunda oración que antecede a la otra mitad de la carta que se enfoca en la vida práctica de los creyentes como resultado de su posición en Cristo.

Pablo inicia esta segunda oración en el capítulo 3, pero no sin antes realizar un largo paréntesis introductorio, en donde realza la comprensión del misterio de la obra de Cristo, es decir:

… que los gentiles son coherederos y miembros del mismo cuerpo, participando igualmente de la promesa en Cristo Jesús mediante el evangelio. [...] conforme al propósito eterno que llevó a cabo en Cristo Jesús nuestro Señor, en quien tenemos libertad y acceso a Dios con confianza por medio de la fe en Él. Ruego, por tanto, que no desmayen a causa de mis tribulaciones por ustedes, porque son su gloria. (Ef. 3:6, 11-13)

Luego inicia la oración que incluye dos peticiones profundas que terminan con una doxología, una expresión de alabanza a Dios con la que cierra la primera parte de la carta. Si pudiéramos leer el texto en el griego, encontraríamos que esta petición de Pablo —que para nosotros en español incluye varias oraciones gramaticales debido a su longitud— en el original está compuesta por solo dos larguísimas oraciones. La manera en que estas oraciones están redactadas revela una intensa carga emocional de parte del autor. Te invito a que imagines al apóstol escribiendo con una pluma que se hunde en el pergamino mientras las palabras brotan sin cesar del corazón.

Una oración por fortaleza

No sé si te identificas conmigo, pero hay una oración que se repite a menudo en mis labios o en mi mente que dice más o menos así:

Padre, dame fortaleza porque estoy cansada físicamente.

Señor, dame fuerzas porque no sé cómo voy a llegar al final de este día con tantas cosas por hacer.

Dame fuerzas para no deshonrar tu nombre con mis actitudes o mis pensamientos.

Señor, fortaléceme para vivir como tú quieres que viva. En mis propias fuerzas no puedo porque no me alcanzan, porque me agoto, porque es más fácil la comodidad de decir sí a mi vieja naturaleza...

Pablo también oraba por los efesios para que el Señor los fortaleciera como solo Él lo puede hacer:

Le ruego que Él les conceda a ustedes, conforme a las riquezas de Su gloria, el ser fortalecidos con poder por Su Espíritu... (Ef. 3:16a)

Pablo no estaba pidiendo mera fortaleza física, estaba orando por el poder que viene del Espíritu Santo. Bajo el nuevo pacto ganado por Jesucristo, el Espíritu Santo mora en cada creyente y está en nosotros: «el Espíritu de verdad, a quien el mundo no puede recibir, porque ni lo ve ni lo conoce, pero ustedes sí lo conocen porque mora con ustedes y estará en ustedes» (Juan 14:17). A diferencia del Antiguo Testamento, la presencia de Dios no está solo en el liderazgo, ni de forma temporal, sino de modo permanente en todos los creyentes mediante Su Espíritu (1 Cor. 6:19). Ahora está en nosotros el mismo Espíritu que estaba en Cristo (Juan 14:18). ¡Gracias, Señor por ese regalo!

Nuestras vidas sin el Espíritu Santo son como un equipo sin batería o desconectado de la corriente eléctrica, completamente inútiles. Al pedir que sean fortalecidos de esta forma, Pablo está orando para que ese poder se aplique a las vidas de los creyentes, los sostenga... *en el hombre interior.* Eso no podemos perderlo de vista porque, lamentablemente, vivimos en un mundo que busca el poder y, por lo general, no con buenas intenciones. Por el contrario, el poder que Pablo anhelaba ver manifestado en la vida de los efesios no tenía que ver con la capacidad de alcanzar lugares prominentes ni obtener riquezas materiales, sino que Pablo estaba orando para que en la misma esencia de quiénes eran, en su ser, estos creyentes experimentaran el poder que solo Dios puede dar. Un poder que ahora habita en cuerpos débiles que se arrugan, envejecen y se enferman; un poder que ahora reside en «vasos de barro» (2 Cor. 4:7), una metáfora paulina que ilustra muy bien nuestra fragilidad. Pablo abunda en el tema del *hombre interior* en contraste con el cuerpo débil que se desgasta, en su segunda carta a los corintios:

> Por tanto no desfallecemos, antes bien, aunque nuestro hombre exterior va decayendo, sin embargo nuestro hombre interior se renueva de día en día. Pues esta aflicción leve y pasajera nos produce un eterno peso de gloria que sobrepasa toda comparación, al no poner nuestra vista en las cosas que se ven, sino en las que no se ven. Porque las cosas que se ven son temporales, pero las que no se ven son eternas. (2 Cor. 4:16-18)

Por eso oraba así por los efesios, para que el Espíritu llenara de poder al hombre interior, porque es ahí donde se forma el carácter, donde ocurre la santificación, donde Cristo es moldeado en nosotros y vamos adquiriendo una sombra de lo que seremos en la eternidad. Pablo no oraba para que el Espíritu Santo hiciera a los efesios súper saludables, libres de enfermedad, inmunes a la vejez, ni para que fueran grandes o ricos. Pablo oraba para que el Espíritu les diera el poder que necesitaban para vivir esta nueva vida a la que ahora estaban llamados, para que pusieran su mirada en las cosas que no se ven. Ser fortalecidos en el interior por el Espíritu es el tipo de fuerza sobrenatural que necesitamos en tiempos de prueba, sufrimiento, dolor o persecución. Pero no imaginemos que solo lo necesitamos en tiempos de oscuridad. También es necesario en tiempos de prosperidad para no quedar engañados por el espejismo de la comodidad, el brillo de lo temporal y la abundancia. Lo necesitamos en el día a día, para perseverar, para seguir adelante con las tareas rutinarias, en la interacción con otros y para servir a nuestro Dios.

> Pablo no oraba para que el Espíritu Santo hiciera a los efesios súper saludables, libres de enfermedad, inmunes a la vejez; ni para que fueran grandes o ricos. Pablo oraba para que el Espíritu les diera el poder que necesitaban para vivir esta nueva vida a la que ahora estaban llamados.

Pero, además, Pablo profundiza en el propósito al orar de esta manera. Esto es lo que escribe después:

> Le ruego que Él les conceda a ustedes, conforme a las riquezas de Su gloria, el ser fortalecidos con poder por Su Espíritu en el hombre interior; *de manera que Cristo habite por la fe en sus corazones...* (Ef. 3:16-17, cursivas de la autora)

A primera vista, cuando leemos esas últimas palabras, parecen un poco raras, ¿cierto? Lo digo porque entendemos que una vez que fuimos salvos, ya Cristo vive en nosotros por medio del Espíritu Santo. De hecho, Pablo ya les dijo que han sido sellados por el Espíritu Santo y que en Cristo «son juntamente edificados para morada de Dios en el Espíritu» (Ef. 2:22). Entonces, ¿por qué ora para que sean fortalecidos por el Espíritu y así Cristo habite en sus corazones? Considero que la idea es que el corazón, esa casa donde ahora Cristo ha venido a habitar, sea transformado cada vez más a medida que confiamos en Él. Las palabras de D. A. Carson lo explican con excelente claridad:

> No te equivoques: cuando Cristo entra por primera vez en nuestras vidas, nos encuentra en muy mal estado. Se necesita una gran cantidad de poder para cambiarnos, y es por eso que Pablo ora por poder. Él pide que Dios nos fortalezca de tal manera mediante Su poder en nuestro ser interior que Cristo realmente pueda residir dentro de nosotros, transformándonos en una casa que refleje Su propio carácter en todos los niveles.[1]

La transformación es radical y no ocurre de la noche a la mañana. ¡Por eso Pablo ora por poder! Es importante que tengamos una comprensión profunda de este tema fundamental para nuestra salud y crecimiento espiritual. Para entenderlo mejor, consideremos lo que él mismo escribió unos párrafos antes, en el capítulo 2 de Efesios:

> Y Él les dio vida a ustedes, que estaban muertos en sus delitos y pecados, en los cuales anduvieron en otro tiempo según la corriente de este mundo, conforme al príncipe de la potestad del aire, el espíritu que ahora opera en los hijos de desobediencia. Entre ellos también todos nosotros en otro tiempo vivíamos en las pasiones de nuestra

carne, satisfaciendo los deseos de la carne y de la mente, y éramos por naturaleza hijos de ira, lo mismo que los demás. (Ef. 2:1-3)

Nacemos separados de Dios y siguiendo el rumbo de nuestro propio corazón, nuestros deseos torcidos y nuestra mente pecaminosa. El Señor nos trae por pura gracia de muerte a vida y comienza la transformación. Cristo, por así decirlo, «se muda» a vivir en nosotros, viene a residir, a morar en nuestro hombre interior, y lo que encuentra está sucio, desordenado y contaminado. Nosotros antes no lo notábamos, pero ahora nuestros ojos han sido abiertos a la luz y comienza ese proceso mediante la fe y por gracia de Dios. Eso es precisamente de lo que Pablo continúa escribiendo; si leemos el resto de la carta a los efesios veremos que el enfoque está en la nueva vida en Cristo. Sin embargo, será imposible vivirla en nuestras fuerzas; por eso necesitamos el poder del Espíritu Santo. Tengo que insistir en que esa es la razón por la que ora así por sus hermanos en Éfeso: para que tengan poder para caminar en la luz, como dice más adelante. Poder para pensar de otra manera, para despojarse del viejo hombre, vestirse del nuevo hombre semejante a Jesucristo mismo.

Por otro lado, Pablo está pidiendo que Cristo sea cada vez más el centro en la vida de estos creyentes; que llene sus mentes, que sea el foco de atención y la meditación de su corazón. Ora para que entiendan que Cristo es Señor de nuestras vidas, no es un visitante de paso, sino alguien que llegó para quedarse y ocupar el primer lugar en nuestra existencia. Pablo ora para que el Espíritu fortalezca a sus hermanos de Éfeso y puedan, por la fe, vivir con la convicción de que ahora es el Señor Jesucristo quien vive en ellos. Con frecuencia se nos olvida que ya no vivimos nosotros, ahora Él es el dueño de cada espacio de nuestras vidas.

Debemos volver a los indicativos de los que hablamos al principio y notar que Pablo ora apelando a quién es Dios. Mira lo que dice un poco antes en esta oración:

> Le ruego que Él les conceda a ustedes, *conforme a las riquezas de Su gloria…* (Ef. 3:16, cursivas de la autora)

Podemos descubrir dónde radica su certeza y su confianza al orar: la gloria de Dios. Cuando hablamos de la gloria de Dios, nos referimos a la suma total de todo lo que Él es. Pablo oraba a Dios pidiendo que fortaleciera a estos hermanos en la fe sobre la base de todo lo que Dios es y puede hacer. Oraba así porque Dios es misericordioso, bueno, todopoderoso y Su poder no se agota. Por otra parte, Pablo entendía que tenemos acceso a esas riquezas de la gloria de Dios porque tenemos a Cristo, como lo enfatiza en otras de sus cartas:

> Y mi Dios proveerá a todas sus necesidades, conforme a sus riquezas en gloria en Cristo Jesús. (Fil. 4:19)

> A estos Dios quiso dar a conocer cuáles son las riquezas de la gloria de este misterio entre los gentiles, que es Cristo en ustedes, la esperanza de la gloria. (Col. 1:27)

En conclusión, esta primera parte de la oración es un clamor para que el Espíritu Santo fortalezca a los creyentes con Su poder para que puedan vivir la nueva vida que ahora Cristo ha hecho posible por gracia. Para que nada ni nadie tome residencia y ocupe el lugar central en lo más profundo de las vidas de los cristianos.

Una oración por otro tipo de poder

Como dijimos al comienzo, esta oración de Pablo incluye dos peticiones principales. En la segunda mitad, encontramos la otra petición:

> ... También ruego que arraigados y cimentados en amor, ustedes sean capaces de comprender con todos los santos cuál es la anchura, la longitud, la altura y la profundidad, y de conocer el amor de Cristo que sobrepasa el conocimiento, para que sean llenos hasta la medida de toda la plenitud de Dios. (Ef. 3:17b-19)

El apóstol comienza usando dos palabras que toma como metáforas y que son comunes en su lenguaje: *arraigados* y *cimentados*. Mucho se ha debatido sobre la estructura gramatical de esta oración en su idioma original, pues es muy compleja. Uno de los consensos generales es que constituye una expresión como si estuviera entre paréntesis, una interjección que dijera: ¡Ustedes están arraigados y cimentados en amor!² Es el amor de Dios lo que los trajo a salvación, el amor de Dios ya está presente en sus vidas y Pablo lo menciona en varias oportunidades en su carta:

> Pero Dios, que es rico en misericordia, por causa del gran amor con que nos amó, aun cuando estábamos muertos en nuestros delitos, nos dio vida juntamente con Cristo (por gracia ustedes han sido salvados). (Ef. 2:4-5)

> ... así como también Cristo les amó y se dio a sí mismo por nosotros, ofrenda y sacrificio a Dios, como fragante aroma. (Ef. 5:2)

Sin embargo, aunque el amor es el fundamento de la nueva vida, parece que por alguna razón estos creyentes habían perdido de vista la magnitud de este amor o estaban dudando o simplemente vivían sin una comprensión clara de las implicaciones de tal amor divino. Esa es la razón por la que Pablo ora para que puedan comprenderlo, no meramente a nivel intelectual, sino en su propia vida y en todo sentido. Un amor que es inconmensurable, que no tiene principio ni final. Un amor tan firme y seguro que nada nos puede separar de Él. Pablo estaba convencido y así lo declara en Romanos:

> Porque estoy convencido de que ni la muerte, ni la vida, ni ángeles, ni principados, ni lo presente, ni lo por venir, ni los poderes, ni lo alto, ni lo profundo, ni ninguna otra cosa creada nos podrá separar del amor de Dios que es en Cristo Jesús Señor nuestro. (Rom. 8:38-39)

Debemos comprender el amor de Dios que es inconmensurable, que no tiene principio ni final. Un amor tan firme y seguro que nada nos puede separar de Él.

¿Cómo podemos llegar a ese convencimiento? Solo Dios puede hacernos comprender ese amor porque se trata de un amor que sobrepasa a todo conocimiento. Es decir, aunque tengamos una buena comprensión teológica del amor de Dios, solo el poder de Dios puede trasladar el conocimiento de la mente al corazón y convertirlo en convicción. Es esa la oración que Pablo hace por estos hermanos.

Tal vez te preguntes: ¿por qué es importante que entendamos, hasta donde es humanamente posible, la grandeza del amor de Dios? Bueno, entre otras cosas, porque cuando tenemos la convicción de que Dios nos ama, los huracanes de la vida nos pueden causar daños, pero no derribarnos.

No dejaremos de ser abatidos porque ahora seamos súper humanos, sino porque nuestra vida está cimentada en la certeza del amor de Dios que se hizo carne en Cristo y realizó una obra de salvación a nuestro favor. Pablo lo explica de la siguiente manera:

> Pero tenemos este tesoro en vasos de barro, para que la extraordinaria grandeza del poder sea de Dios y no de nosotros. Afligidos en todo, pero no agobiados; perplejos, pero no desesperados; perseguidos, pero no abandonados; derribados, pero no destruidos. (2 Cor. 4:7-9)

Yo vivo en una zona de huracanes. A veces, aunque sea una tormenta leve, cuando todo ha pasado, solemos encontrarnos con un montón de árboles en el suelo que no resistieron el embate de los vientos. Sin embargo, en mi vecindario tenemos muchos robles y todavía no he visto ninguno derrumbado. Con algunas ramas menos, sí, pero derrumbados, no. Así que me di a la tarea de investigar un poco sobre ellos. Resulta que los robles desarrollan sistemas de raíces muy profundos que se esparcen desde su raíz principal. Con el tiempo, esa raíz primaria se reduce y es reemplazada por numerosas raíces laterales grandes que forman un sistema radicular. Estas raíces laterales penetran en el suelo a poco más de un metro de profundidad, pero se extienden lateralmente hasta unos veintisiete metros. Cuando la tormenta viene, el roble está bien arraigado y firme, y por eso resiste con firmeza los embates de los vientos huracanados.

Así es la vida arraigada en el amor de Cristo y que llega a estar convencida del mismo. Pablo no está orando por algo simple o pequeño. Está orando con la convicción de que una vida así es una vida segura que redunda en plenitud y madura;

una vida que llega a ser todo lo que Dios quiere que sea. Es eso a lo que se refiere al final de su petición:

> … y de conocer el amor de Cristo que sobrepasa el conocimiento, para que sean llenos hasta la medida de toda la plenitud de Dios. (Ef. 3:19)

De hecho, en el capítulo cuatro encontramos esta idea desarrollada:

> Hasta que todos lleguemos a la unidad de la fe y del pleno conocimiento del Hijo de Dios, a la condición de un hombre maduro, a la medida de la estatura de la plenitud de Cristo. (Ef. 4:13)

Obviamente, nunca seremos igual a Cristo, nunca podremos contener dentro de nosotros todo lo que encierra la plenitud de Dios. Pero una vida arraigada en Su amor, convencida de Su amor, es una vida que crece y madura a imagen de Cristo, que camina hacia la plenitud producto de todo lo que Él ha hecho posible y obra en nosotros de este lado del sol. ¡Con razón Él oraba de esta manera!

La doxología

Como dijimos al comienzo, esta oración culmina con una expresión de alabanza. Son palabras que probablemente hemos cantado alguna vez e incluso puede que las hayas memorizado. No obstante, vale la pena que nos detengamos brevemente a explorarlas.

Esta doxología es la conclusión de lo que Pablo ha orado por los efesios. Ha sido una oración profunda y por asuntos nada superficiales. Él cierra con la convicción de que esta oración descansa en que Dios:

> ... es poderoso para hacer todo mucho más abundantemente de lo que pedimos o entendemos, según el poder que obra en nosotros. (Ef. 3:20)

¡Qué palabras tan alentadoras! Son una invitación a orar porque tenemos la seguridad de que nuestro Dios responde. Podemos tener la confianza de que la respuesta del Señor excederá nuestras expectativas y lo hará no solo porque es todopoderoso, sino porque nuestro Dios es bueno, generoso, dadivoso, es un Padre que se complace en bendecir a Sus hijos, como muy bien Pablo ya había escrito en el primer capítulo de esta carta. Comenzó la carta bendiciendo a Dios y ahora otra vez le rinde alabanza.

En esa expresión que aclama a Dios hay otro recordatorio para nosotros: toda petición, toda oración del creyente, debe tener como meta final la gloria de Dios, no solo a nivel personal sino también en Su iglesia:

> ... a Él sea la gloria en la iglesia y en Cristo Jesús por todas las generaciones, por los siglos de los siglos. Amén. (v. 21)

Quizá se trate de un gran desafío y por eso te pregunto: ¿realmente es la gloria de Dios el centro de tu vida? Cuando oras, ¿lo haces con el deseo de que la respuesta sea para Su gloria? Son preguntas que merecen una respuesta sincera de tu parte y que pueden convertirse en oraciones fervientes a nuestro Señor.

Una nueva lista de oración

Regresando al principio y mi experiencia con el espejo de aumento, lo cierto es que el reloj no se detiene, el tiempo pasa y nuestro cuerpo se desgasta. Esa es una verdad inmutable de este lado del sol. Sin embargo, hemos visto que la fuerza que más necesitamos no es precisamente la física. Nuestro hombre interior, nuestra alma, necesita una fuerza mayor. Pero ni las buenas intenciones ni los muchos propósitos —mucho menos las fórmulas que alguien recomendó en un video de YouTube o una historia de Instagram— serán suficientes para fortalecer nuestra alma, desechar las dudas y enfrentar los vientos huracanados del mundo roto donde vivimos. ¡Cuánto necesitamos hacer nuestra esta oración de Pablo! Necesitamos la fortaleza en nuestro ser que solo el Espíritu puede obrar, orar para que nuestra vida esté anclada en la certeza del amor de Dios y así crecer cada vez más para reflejar a Cristo Jesús. Como ya vimos, podemos tener la seguridad de que nuestro Dios responde con creces.

¡Oremos así!

De lo que has leído en este capítulo, ¿qué ha resonado más en tu corazón? ¿Por qué?

....

....

....

....

....

....
....
....
....
....
....

Si alguien te preguntara por qué oras con más frecuencia, por las fuerzas físicas o tu ser interior, ¿cuál sería la respuesta? ¿Crees que eso cambiará después de estudiar esta oración de Pablo? ¿Cómo?

....
....
....
....
....
....
....
....

Teniendo en cuenta lo que hemos visto en este tercer capítulo, ¿cómo ha ido cambiando tu lista de oración?

....
....
....
....
....
....
....
....

Más allá de mi
LISTA DE ORACIÓN

 Señor: Danos un amor anclado en la verdad (Filipenses 1:9-11)

 Señor: En un mundo de dolor, permíteme ser un instrumento de consuelo a corazones heridos y desesperanzados (Romanos 10:1)

Señor: Estamos agobiados, necesitamos de ti y de tu paz (Filipenses 4:6-7)

CAPÍTULO 4

Y esto pido en oración: que el amor de ustedes abunde aún más y más en conocimiento verdadero y en todo discernimiento, a fin de que escojan lo mejor, para que sean puros e irreprensibles para el día de Cristo; llenos del fruto de justicia que es por medio de Jesucristo, para la gloria y alabanza de Dios. (Fil. 1:9-11)

R ecuerdo la primera vez que vine a los Estados Unidos. Eso sucedió hace varias décadas. Mi esposo y yo vivíamos todavía en Cuba y se nos presentó la oportunidad de viajar como parte de un conjunto vocal. Sí, eran los años noventa y los grupos de este tipo se pusieron de moda, incluso en los círculos evangélicos. Te contaré de mi tiempo como cantante otro día, pero sí puedo decirte que disfruté mucho los años en que pude servir al Señor en la música.

Bueno, ese viaje fue para nosotros como trasladarnos en la máquina del tiempo. Cuba se había quedado estancada en muchos aspectos, tenía una economía destruida y sobreabundaban las carencias. Eso hizo que entrar en un supermercado se convirtiera en algo abrumador. ¡Había tanto para escoger que no sabíamos por dónde comenzar! No importaba en qué pasillo estuviéramos, la variedad era increíble. Decidirnos por un producto resultaba muy difícil, sobre todo para quienes no tenían idea sobre la mayoría de los productos que estaban viendo. ¿Cómo saber qué tipo de galletas comprar? ¿Cuál era la diferencia entre las diferentes marcas de papitas? Además, no solo había un supermercado, sino que eran muchos. ¿Cuál era la mejor opción? Aprendimos sobre la marcha que eso dependía de varios factores: distancia, preferencias alimentarias y, claro está, el presupuesto. Recuerdo salir de las tiendas con mareos porque mi cerebro no podía asimilar lo que mis ojos veían con tanta rapidez. De vivir en un país donde no había opciones para nada, ahora de pronto nos veíamos ante la disyuntiva de escoger entre una variedad que ni siquiera imaginábamos que existía.

Regresamos unos años después, pero ya no como visitantes, sino como inmigrantes. Ahora nos tocó aprender a vivir en esta realidad nueva y diferente. Paso a paso, y luego de no pocas experiencias, fuimos aprendiendo a escoger entre opciones, ya no solo de productos en un supermercado, sino de lugares donde trabajar, seguros médicos, instituciones financieras, sitios para vivir y muchas otras decisiones más. Tratamos de escoger lo mejor hasta donde nuestro discernimiento lo permitía y siempre buscamos la dirección del Señor.

En la vida, tenemos que escoger y tomar decisiones con mucha frecuencia. Algunas decisiones tienen gran repercusión, mientras que otras ejercen un impacto limitado porque solo tienen que ver con asuntos del mundo físico y temporal. Sin embargo, hay otras elecciones cuyo alcance marca nuestra alma y las implicaciones se relacionan con nuestro tránsito hacia la eternidad. La oración de Pablo por la iglesia de Filipos que veremos en este capítulo trata justamente de este tema.

La carta a los filipenses

Existe un consenso general en cuanto a que la carta a los filipenses se escribió alrededor del año 62 d.C. Pablo mismo escribe en la carta que se encontraba preso (Fil. 1:13). Aunque no hay una referencia directa al lugar de su encarcelamiento, la ciudad de Roma es la mejor candidata por la mención a «los de la casa de César» (ver Fil. 4:22). Por lo que Lucas nos dice en el libro de los Hechos, todo parece indicar que este encarcelamiento era una especie de arresto domiciliario y, según se lee en la historia antigua, lo típico en estos casos era que el prisionero estuviera encadenado a un soldado (Hech. 28).

Filipos era una colonia romana próspera a la que Pablo llegó luego de que Dios le diera la visión del varón macedónico (Hech. 16:9). Lidia fue la primera convertida del ministerio de Pablo en este lugar, una mujer que vendía telas teñidas de púrpura. Pablo y su compañero Silas estuvieron encarcelados en la prisión de la ciudad luego de la liberación de una muchacha adivina que reportaba muchos beneficios a sus dueños. Pablo y Silas estaban adorando a Dios cuando el Señor hizo el milagro de abrir las puertas y romper las cadenas de todos los presos. El carcelero estuvo a punto de quitarse la vida, pero Pablo se lo impidió, le predicó el evangelio y este hombre creyó en el Señor junto con toda su casa (Hech. 16:25-34). La primera iglesia europea surgió en Filipos en casa de Lidia. En la carta, leemos que estos hermanos brindaron apoyo financiero al ministerio misionero de Pablo (Fil. 4:15-18).

La lectura de Filipenses nos permite percibir los motivos de Pablo al escribir esta carta. Él quería agradecerles sus muestras de respaldo y ayuda que le llegaron a través de un regalo que enviaron con Epafrodito (Fil. 4:18). También deseaba animarlos en su fe y exhortarlos a mantenerse firmes. Los miembros de la iglesia Filipos no parecen haber sido problemáticos como, por ejemplo, sí ocurría con los corintios. Tampoco tenemos evidencias de problemas doctrinales como los que enfrentaba la iglesia de Galacia.

Esta carta nos presenta un atisbo breve al corazón del apóstol, quien se veía como «esclavo de Jesucristo» y nos revela su ternura y amor por las iglesias que sembró con tanta entrega y dedicación. Algunos la llaman «la epístola del gozo», y ya hablaremos de esto en otro capítulo.

Pablo escribe Filipenses con una estructura similar a la de sus otras cartas. Empieza con un saludo y luego desarrolla toda una oración. El cuerpo de la epístola incluye una reflexión sobre su encarcelamiento, una hermosa exaltación de Cristo como ejemplo supremo de servicio y diferentes exhortaciones a los creyentes. La carta termina con saludos personales y una bendición.

Amor en el centro de la petición

Pablo entrega el saludo tradicional y luego empieza mencionando cuánta gratitud había en su corazón hacia ellos. Ese agradecimiento lo movía a orar de una manera especial y gozosa: «Pido siempre con gozo en cada una de mis oraciones por todos ustedes» (Fil. 1:4). Llama la atención que su oración era por todos en aquella iglesia. Es evidente que Pablo amaba a esta iglesia, tanto es así que escribe que los llevaba en el corazón (Fil. 1:7), y los añoraba «con el entrañable amor de Cristo Jesús» (Fil. 1:8). Oraba impulsado por el amor hacia ellos y para que el amor también creciera en ellos:

Y esto pido en oración: que el amor de ustedes abunde aún más y más en conocimiento verdadero y en todo discernimiento. (Fil. 1:9)

Vuelve a leer estas palabras. La oración de Pablo no era para que sintieran o expresaran amor. Él sabía que ya había amor en sus corazones, lo cual dice mucho sobre la iglesia de Filipos. Pablo oraba para que creciera el amor que los filipenses ya tenían, para que se desbordara y sobreabundara.

Al leerlo nuevamente, me pongo a pensar en el corazón de Pablo y en mi propio corazón. Si soy sincera, no recuerdo haber orado por mi propia iglesia local con este sentir del apóstol; interceder de esa manera por el pedacito del cuerpo de Cristo al que pertenezco. No recuerdo haberle pedido al Señor que nuestro amor abunde mucho más en conocimiento de Dios, de Su Palabra, de Su verdad. Sí, amo a mi iglesia y oro por ella, pero este pasaje me recuerda que nuestras oraciones deben ir más allá de los planes que tenemos como iglesia, más allá del liderazgo o las necesidades materiales de la congregación.

> Pablo nos muestra una lista de oración diferente y, en este caso, una que incluye el pedido apasionado de que abunde el amor entre hermanos en la fe.

La petición de Pablo va de la mano con el énfasis que la carta hace en la unidad entre los miembros de la congregación. Pablo los exhorta en varias partes de la carta a que tengan un mismo espíritu o un mismo sentir, a luchar unánimes, estar dedicados a un mismo propósito y vivir en armonía (Fil. 1:27; 2:2; 4:2). Dicha unidad no sería posible si no hubiera amor

entre ellos. ¿Oras por la unidad de tu iglesia? Es triste decirlo,
pero es frecuente que nuestras congregaciones parezcan más
equipos rivales que un cuerpo unido que se ama profunda-
mente. Tenemos aquí otro punto para añadir a una nueva
lista de oración. Sé que quizá pensemos que mantener un
cuerpo unido va a requerir más que nuestra oración. Es cierto.
Pero orar es el primer paso, porque nuestro propio corazón
cambia mientras estamos en oración. Cuando estamos dedicados a orar es probable que descubramos —o, mejor dicho,
que el Señor nos revele— en qué sentido no estamos contri-
buyendo a la unidad de nuestra iglesia local.

Pablo ora para que el amor crezca, pero ¿a qué clase de
amor se refiere? No se trata de un amor superficial o súper
emocional como el que solemos ver en películas, series de
televisión o incluso en la vida real. Él ora para que su amor
abunde en «conocimiento verdadero y en todo discernimiento». Es un amor diferente porque es uno anclado en la
verdad. Esto tiene gran relevancia porque si el amor no va
acompañado de estas cualidades, entonces corre el riesgo de
convertirse en sensiblería y podría llegar a justificar todo tipo
de comportamientos y decisiones. Don Carson dice:

> … sin las limitaciones del conocimiento y el discernimiento,
> el amor degenera muy fácilmente en un sentimentalismo
> empalagoso o en el tipo de pluralismo blando que el mundo
> a menudo confunde con el amor.[1]

Cuando el amor no está anclado en la verdad, se convierte en una bandera que muchos enarbolan para tolerar y
justificar toda clase de pecados y conductas. Es el amor que
«sigue al corazón», como un ciego guiando a otro sin saber
cuán errado es el camino. Me parece oportuno recordar lo

que nos advierte el profeta Jeremías: «Más engañoso que todo es el corazón, y sin remedio» (Jer. 17:9). Un amor que solo dependa de lo que siente el corazón no es la clase de amor del que Pablo habla en esta carta.

Lo primero que Pablo recalca es que se trata de un amor que se caracteriza por el conocimiento verdadero que encontramos en la Palabra de Dios. Hablar de un amor así nos lleva a considerar dos aristas, como las dos caras de una moneda. Por un lado, el conocimiento carente de amor se vuelve frío, vacío, sin dirección e impersonal. Sin embargo, las acciones de un amor que abunda en conocimiento serán sabias. Nuestro amor debe ser educado continuamente por el conocimiento bíblico de quién es Dios y cuál es Su voluntad. El conocimiento verdadero no tiene que ver con nuestra propia apreciación de las cosas, sino con la decisión de mirar todo bajo el lente de la verdad de la Palabra de Dios. Ese lente cambia la manera en que amamos porque no depende de lo que sentimos, sino de lo que el evangelio nos enseña en la Palabra.

El amor que abunda en esa clase de conocimiento informado por las Escrituras amará aunque no tenga ganas. Lo hará porque entiende que amar no es opcional cuando estamos en Cristo. Se trata de un amor fortalecido por las Escrituras y que es capaz de cubrir las faltas sin ignorarlas. Las confronta, pero también las cubre con gracia y misericordia. Cuando el amor está arraigado en el poder transformador del evangelio, cuando conoce lo que Cristo ha hecho posible, se convierte en el amor ferviente del que habla el apóstol Pedro: «Sobre todo, sean fervientes en su amor los unos por los otros» (1 Ped. 4:8a). Pedro está exhortando a los creyentes a que se amen, pero no con un amor mediocre, fingido o selectivo, sino con un amor ferviente. ¿Cómo amo con fervor? Se trata de un amor profundo y cargado de entusiasmo. Pedro nos recuerda que el amor del creyente es uno que se expresa de forma deliberada, intencional y genuina.

¿Alguna vez has orado por amar de esa manera? Por lo general, es bastante fácil amar a quienes nos caen bien, a nuestros esposos, hijos o nuestros padres. Amar a quienes nos muestran amor es también fácil. Jesús mismo dijo que los incrédulos aman así y que no hay ningún mérito particular allí (Mat. 5:44-46). El desafío se presenta cuando somos llamados a amar a quienes no queremos amar. Sinceramente, cualquier persona puede estar en esa categoría en algún momento. Basta con que alguno de nuestros hijos desafíe nuestra autoridad, tal vez nuestros padres fueron injustos en su trato o quizá tu cónyuge olvidó una fecha importante… Cualquiera de estos escenarios tiene el potencial de hacernos dudar del amor de otros y, por defecto, nuestra reacción es no querer amarlos. Nuestra naturaleza pecaminosa es egoísta y poco amable. ¡Pero el amor que abunda en el conocimiento de Dios y Su Palabra entiende que la alternativa es otra! Eso es lo que marca la diferencia entre el amor superficial y egoísta que solo procede de acuerdo con las emociones y el amor que actúa bajo la verdad del evangelio.

Pablo continúa orando y ahora pide para que el amor abunde en *todo discernimiento*. Esta palabra se refiere a la capacidad de poder distinguir las diferencias entre una cosa y otra. Usamos el discernimiento para tomar decisiones de tipo moral cuando determinamos que algo es bueno o malo. El discernimiento y la sabiduría van de la mano. El amor no sabe cómo actuar o qué decir con acierto cuando no hay discernimiento. Esa es la razón por la que un corazón sin conocimiento ni discernimiento se vuelve sensiblero y meramente emocional.

> Un corazón sin conocimiento ni
> discernimiento se vuelve sensiblero
> y meramente emocional.

Un viejo adagio repite que «el amor es ciego», dando a entender que el amor no ve las faltas, las incompatibilidades e incluso aquello que pudiera, en cierto modo, causar daño. El problema está en que ese «amor ciego» no es verdadero. G. K. Chesterton, un gran escritor y pensador cristiano del siglo xx, dijo lo siguiente: «El amor no es ciego; es todo menos ciego. El amor es tenaz, y cuanto más tenaz, menos ciego».[2] Pablo quería que sus hermanos de Filipos vivieran con un amor diferente y por eso oraba para que el amor de ellos fuera sabio, entendido y sagaz. Un amor que no sea movido solo por sentimientos, sino por la verdad y el buen juicio (otra manera de referirnos al discernimiento).

Pero la oración no se queda solo en que ellos tuvieran esa clase de amor lleno de conocimiento y discernimiento. Pablo oraba para que, al sobreabundar en ese amor anclado en la verdad, algo transformador ocurriera en la vida de los cristianos de Filipos.

El resultado de un amor lleno de conocimiento y discernimiento

Una vida que escoge lo mejor

Pablo continúa con su oración y nos indica la razón para orar por un amor así: «a fin de que escojan lo mejor» (1:10a). Pensemos primero en el verbo «escoger» que viene a ser elegir o tomar una decisión entre una o más cosas. Nuestra vida permanece en un proceso completo de escoger o seleccionar algo. Puede tratarse de elegir entre pensamientos, palabras, sentimientos o factores para tomar una decisión.

El apóstol oraba para que tuvieran una clase de amor que ayudara a los filipenses a escoger no cualquier opción, sino a escoger lo mejor. No es solo seleccionar lo que nos parece bueno, sino lo excelente, lo que tiene relevancia o importancia verdaderas. Pablo rogaba para que los filipenses oraran por algo que iba más allá de lo común.

Muy a menudo, nuestras oraciones tienen que ver con las decisiones que debemos tomar, tanto las cotidianas como las trascendentales. La oración de Pablo nos lleva un paso atrás y nos enseña que, para escoger lo mejor y decidir lo que realmente importa, debemos tener un amor completo y arraigado en conocimiento y discernimiento. ¿Por qué? Entre otras cosas, porque nuestras decisiones no siempre son entre lo bueno y lo malo, sino entre lo bueno y lo mejor.

Una vida diferente

Pablo escribe la carta para que los cristianos nos demos cuenta de que no es cuestión de elegir entre comida regular o comida orgánica; ni tampoco si vamos a vivir en una ciudad u otra cuando las dos son igualmente buenas. Pablo está orando para que los filipenses escojan lo mejor a fin de que prosigan en su madurez y crecimiento en Cristo. La oración de Pablo continúa diciendo:

> … a fin de que escojan lo mejor, para que sean puros e irreprensibles para el día de Cristo. (1.10)

> … a fin de que lleven una vida pura e intachable hasta el día que Cristo vuelva. (NTV)

Pablo oraba por los filipenses para que su amor sobreabundara en el conocimiento de Dios y en el discernimiento, de modo que ellos pudieran siempre escoger vivir sus vidas de una manera diferente a la del mundo circundante, en la santidad y la pureza a la que ahora estaban llamados hasta el regreso de Cristo.

Pablo oraba —y es la oración que nosotros podemos hacer hoy también— para que escojamos lo mejor en las pequeñas cosas, en lo cotidiano, en lo evidente o en lo sutil, en lo fácil y en lo culturalmente controversial. Escoger lo mejor en esas decisiones que no son blanco y negro, sino en las áreas grises donde nuestra cosmovisión —es decir, la manera en la que vemos el mundo— reflejará los afectos de nuestro corazón. Esos afectos deberán estar saturados de la Palabra de Dios y de todo discernimiento para que puedan escoger lo mejor.

Esta oración no era para que los filipenses vivieran bajo la carga de tener que realizar obras que garantizaran su salvación y fueran impulsados por el temor del regreso de Cristo. ¡Al contrario! Pablo esperaba que, debido al regreso de Cristo y la esperanza de un encuentro glorioso ese día, ellos encontraran ánimo para vivir escogiendo siempre lo mejor. Al mismo tiempo, lo dice con la certeza de que es Dios mismo quien obraba para que ellos pudieran crecer en pureza, hasta alcanzar la perfección que solo tendremos todos los creyentes cuando estemos con Cristo. De hecho, si leemos un poco antes, vemos que Pablo está contemplando esta idea desde el comienzo de la carta:

> Estoy convencido precisamente de esto: que el que comenzó en ustedes la buena obra, la perfeccionará hasta el día de Cristo Jesús. (Fil. 1:6)

Un amor que sobreabunda en conocimiento y discernimiento —es decir, que está anclado en la verdad— nos ayuda a tomar las mejores decisiones morales. Sin embargo, Pablo no demuestra con esta oración que está a favor de un supuesto perfeccionismo ni de una excelencia humana que se podría igualar con méritos propios que hacen innecesaria la gracia de Dios. Él ora por transformación y para crecer en santidad. La vida cristiana no es una perfección instantánea y permanente, sino que es un continuo progreso hacia esa meta, confiados en la obra que Cristo hizo a nuestro favor por pura gracia (Rom. 5:19). Sin embargo, la seguridad en la obra completa de Cristo no implica que nos quedemos cruzados de brazos, sino que debemos persistir en nuestro crecimiento espiritual, tal como Pablo mismo lo testifica en su propia vida más adelante en esta misma carta:

> No es que ya lo haya alcanzado o que ya haya llegado a ser perfecto, sino que sigo adelante, a fin de poder alcanzar aquello para lo cual también fui alcanzado por Cristo Jesús. (Fil. 3:12)

Pablo ora para que tengamos un corazón que manifieste un amor lleno de conocimiento y discernimiento que sepa tomar las mejores decisiones para seguir creciendo en santidad y comunión con Dios. Por lo tanto, orar por escoger lo mejor, de la manera en que Pablo ruega a Dios por los filipenses, es orar para que al tomar decisiones, al actuar e interactuar, lo hagamos con la meta de una vida que crece en la santidad que nos llevará a ser más como Cristo. ¿Oramos así? ¿Oramos para que el Señor nos ayude a escoger, arraigados en un amor lleno de conocimiento y discernimiento, de modo que el resultado sea pureza y un crecimiento espiritual que nos lleve a actuar más como Él?

> Orar por lo mejor y por lo excelente es también orar por aquello que tiene prioridad en el cielo.

Orar por lo mejor y por lo excelente es también orar por aquello que tiene prioridad en el cielo. ¿De qué hablo? Por ejemplo, es orar por quienes no conocen a Cristo. Es pedirle al Señor que nos saque de nuestra zona de comodidad y hacer obra de evangelistas en nuestro hogar, escuela, trabajo, supermercado, vecindario o en cualquier lugar en que Dios nos ponga. Orar por lo mejor es orar pidiendo justicia por los que sufren injusticia y no tienen voz. Orar por lo mejor es orar para que el Señor nos conceda gobernantes que teman a Dios. Orar por lo mejor es orar por la expansión del Reino y que el Señor nos confiera los medios para hacerlo.

Escribo todo esto y no puedo dejar de pensar en mis propios tiempos de oración y en cuánto necesito que el Señor incline mi corazón para orar teniendo esos objetivos en mente. No puedo imaginarme a Pablo escribiendo esto con frialdad. ¡No! Me lo imagino apretando la pluma, tratando de impregnar el pergamino no solo con tinta, sino con la pasión de alguien que anhela que sus palabras puedan transmitir el fuego que arde en su corazón y la visión que ha recibido de parte de Dios. ¡Así quiero orar yo también!

Nuestras oraciones suelen ser monótonas y repetitivas porque no las empapamos de aquellas peticiones que están en las páginas de la Escritura y que fueron inspiradas por Dios mismo para que se conviertan en la súplica de Sus hijos. ¡Pero hoy es buen día para empezar a cambiar esa lista de oración y hacer nuestro este clamor del apóstol Pablo! Un clamor que pedía que hubiera fruto, resultados fehacientes en la vida de estos queridos hermanos de Filipos.

Una vida con fruto abundante

Si continuamos leyendo la oración, encontraremos algo más que está ligado al resultado de ese amor abundante anclado en la verdad. Ya vimos que lo primero es escoger lo mejor para vivir una vida diferente, de santidad. Ahora al final, Pablo añade que ora para que ellos estén «llenos del fruto de justicia que es por medio de Jesucristo» (v. 11a). ¿Qué quiere decir esa frase? Coincido con la interpretación que hace Carson:

> La imagen es la de un organismo que produce fruto, y quien hace posible el crecimiento y la fecundidad es Jesucristo. Nosotros debemos poner nuestra energía en la tarea, pero necesitamos entender que, donde aparece este fruto, es el resultado del crecimiento espiritual hecho posible por Jesucristo.[3]

Por lo tanto, Pablo está orando para que el resultado de escoger lo mejor sea la multiplicación del fruto que solo Cristo puede producir en la vida del creyente. El apóstol anhela que ese fruto rebose y por eso habla de estar llenos. Sin embargo, debemos insistir en que no podemos lograrlo por nuestra cuenta, sino que es un resultado de la gracia de Dios que nos es dada por medio de Cristo. De nuevo, como lo dijo Pablo al inicio de la carta, se trata de una obra que Dios comenzó en nosotros y que solo Él completará (Fil. 1:6).

En el capítulo 7, ahondaremos más en el tema del fruto porque Pablo hace una oración por los colosenses que también incluye este tema. De cualquier manera, quisiera repetir que esta oración de Pablo a favor de los filipenses es por su crecimiento y madurez cristiana. Por eso incluye dar un fruto que refleja una vida cambiada y transformada por el evangelio. Esto me hace pensar también en el fruto que produce el Espíritu Santo en la vida del creyente y del que Pablo habla cuando escribe otra de sus cartas (Gál. 5:22-23).

Una vida que da gloria a Dios

La oración con la que Pablo inicia esta carta a sus discípulos de Filipos concluye con una frase que encontramos en muchas de sus cartas:

… para gloria y alabanza de Dios. (v. 11b)

Toda esta petición a favor de sus hermanos en Filipos —que abunden en ese amor anclado en el conocimiento y el discernimiento, para que escojan lo mejor o lo más excelente y vivan con pureza y santidad con mucho fruto— no es para que los filipenses se ganen más puntos a su favor y obtengan más trofeos en sus estantes. Pablo ora para que todo esto redunde en la gloria de Dios.

Las palabras con las que Pablo termina su oración debieran llevarnos a evaluar qué pretendemos alcanzar cuando hablamos de excelencia en nuestro servicio a Dios. Es muy posible que hayas escuchado o escuches a menudo a muchos creyentes hablar de «hacer las cosas con excelencia para el Señor». La frase no tiene nada malo en sí misma, siempre y cuando el corazón esté en el lugar correcto.

Buscar la excelencia podría darse bajo los parámetros de la cultura contemporánea y podría ser simplemente un reflejo de andar tras glorias propias, buscar reconocimiento, hacer depender nuestra identidad de los resultados. El pecado entró al mundo por una lucha de glorias. Satanás quería para él la gloria que solo le pertenece a Dios y seguirá luchando hasta el final. Por eso nos tienta a buscar nuestra propia gloria; porque cuando lo hacemos, ya no le damos la gloria debida a Dios.

> Escoger lo mejor, ya sea en lo cotidiano, en una decisión o en un área de servicio, es finalmente para que Dios sea glorificado.

Vivir con la gloria de Dios como meta es vivir con una perspectiva eterna. No ponemos la esperanza en las recompensas transitorias y efímeras que este mundo puede ofrecer. Esta búsqueda es contraria a lo que la cultura vocifera, porque el cristiano consagrado no vive para el éxito en los términos en que el mundo lo entiende o incentiva. Vivir para la gloria de Dios también implica despojarnos de falsas apariencias, del peso de intentar alcanzar perfección cuando en realidad es imposible. Es entender que hacemos todo para que, a pesar de nuestra debilidad y con nuestras limitaciones, otros puedan ver la grandeza de Dios y quedar maravillados. Pablo lo testifica en su propia vida y le da la gloria a Dios cuando dice:

> Porque yo soy el más insignificante de los apóstoles, que no soy digno de ser llamado apóstol, pues perseguí a la iglesia de Dios. Pero por la gracia de Dios soy lo que soy, y Su gracia para conmigo no resultó vana. Antes bien he trabajado mucho más que todos ellos, aunque no yo, sino la gracia de Dios en mí. (1 Cor. 15:9-10)

Era indudable que Pablo amaba a los filipenses, porque orar de esa manera por ellos es clamar a Dios para que sus vidas fueran vividas de la mejor manera posible debajo del sol y bajo la gracia de Dios, tal como él mismo la estaba viviendo.

Una nueva lista de oración

Escribir este capítulo me ha hecho pensar mucho en las cosas que ocupan mi lista de oración cada semana o cada día. Me doy cuenta de que el enfoque cambia por completo cuando la Palabra de Dios se convierte en el «guion» de lo que oramos. Lo temporal da paso a lo eterno. Pablo ora para que así ocurra con los filipenses y ahora nuestra oración puede hacerse eco de su petición.

Las preguntas que siguen pueden servirte para reflexionar en lo que acabas de leer.

Reescribe esta oración de Pablo con tus propias palabras a la luz de lo que aprendiste de este texto de Filipenses y de acuerdo con tus propias circunstancias.

....

....

....

....

....

....

....

....

....

....

....

¿Cómo puedes cambiar tu lista de oración luego
de leer este capítulo?

....

....

....

....

....

....

....

....

....

....

Piensa en lo que haces para servir al Señor.
¿Cuál crees que es tu motivación? ¿Cambió tu
perspectiva al profundizar en esta oración de
Pablo?

....

....

....

....

....

....

....

....

....

Más allá de mi
LISTA DE ORACIÓN

 Señor: Danos un amor anclado en la verdad (Filipenses 1:9-11)

■ Señor: En un mundo de dolor, permíteme ser un instrumento de consuelo a corazones heridos y desesperanzados (Romanos 10:1)

■ Señor: Estamos agobiados, necesitamos de ti y de tu paz (Filipenses 4:6-7)

CAPÍTULO 5

Doy gracias a mi Dios siempre, haciendo mención de ti en mis oraciones [...] Pues he llegado a tener mucho gozo y consuelo en tu amor, porque los corazones de los santos han sido confortados por ti, hermano. (Filem. 4, 7)

Ese día no tenía nada de especial. Era uno de esos días comunes y corrientes. Había recogido a uno de mis hijos en su escuela y conversábamos en el auto durante el trayecto a casa. Sin embargo, la conversación no era común y corriente. El corazón de mi hijo estaba roto, sufría porque alguien, a quien apreciaba mucho, había traicionado su amistad y usado palabras muy hirientes en su contra.

Cualquier madre quisiera tener un botón de «reiniciar» que volviera a empezar el día y borrara todos esos momentos que causaron daño en nuestros hijos. Darle reiniciar no solo a esa situación particular, sino al mundo entero con toda su oscuridad y maldad. Pero sé que no es posible. Al mismo tiempo, la forma en que enfrento la situación no es plana, sino que la encaro desde muchos ángulos: me esfuerzo por analizar lo sucedido para sacarle alguna lección provechosa, busco descubrir en qué se equivocaron mis hijos, cuál podría ser la actitud correcta en tal escenario, qué dice la Palabra y también cómo aplicamos el evangelio en un caso así.

Estaba en medio de toda mi argumentación cuando mi hijo dijo algo que paralizó mis pensamientos acelerados y me llegó directo al corazón: «Mami, ahora no quiero hablar de nada de eso. Lo que pasó me duele mucho y lo que más quiero es que me escuches y me consueles...».

Sinceramente, en ese momento sentí que me podía ganar el premio a la peor mamá del mundo, porque mi primera reacción fue querer arreglarlo todo antes de escuchar, antes de mostrar amor y consolar a mi hijo, aunque solo fuera con un abrazo. Sí, sé que los humanos siempre nos quedamos cortos en materia de consuelo. Pero eso no implica que no podamos intentarlo una y otra vez.

La oración a la que dedicaremos nuestra reflexión en este capítulo no es precisamente una petición de Pablo, sino una oración de gratitud porque alguien, de quien hablaremos en breve, que fue un vehículo para llevar consuelo a muchos. Entonces, mi propuesta es que nos acerquemos a este pasaje y lo consideremos como una exhortación a orar para que el Señor nos use de la misma manera que ese compañero de Pablo en nuestro breve y accidentado paso por este lado de la eternidad.

La carta a Filemón

Esta es la más breve de las cartas de Pablo y también podría considerarse la más personal. La escribió estando encarcelado en Roma, por lo que la fecha aproximada de escritura es el año 62 d.C. La misma carta indica que Pablo la envía a través de Onésimo. El destinatario era Filemón, un cristiano adinerado de la iglesia de Colosas a quien el apóstol consideraba su colaborador y un hermano amado (v. 1). En su casa se reunía con regularidad un grupo de creyentes al que Pablo identificaba como iglesia (v. 2).

La carta presenta una petición personal de Pablo que tiene que ver precisamente con Onésimo, quien había servido a Filemón como esclavo y había huido algún tiempo antes. Es probable que Onésimo le robara algo a su amo o le causara una pérdida económica con su huida (v. 18). Sin embargo, en la providencia de Dios, este esclavo fugitivo conoció al apóstol Pablo en Roma, se convirtió al cristianismo y ahora regresaba a su amo, quien también había llegado a conocer el evangelio. Pablo le pide a Filemón que reciba a Onésimo como un hermano en la fe y no como un esclavo. El tema central de la carta gira alrededor de estas ideas: el poder del evangelio para cambiar vidas e impactar nuestras relaciones.

Pablo redactó esta carta usando el estilo de la retórica griega y romana de su tiempo. Primero apela a la relación (vv. 4-10), luego trata de persuadir al presentar los hechos (vv. 11-19) y al final presenta la petición que recurre a los sentimientos de la audiencia, en este caso el receptor de la carta (vv. 20-21).

Nuestro Dios consolador

No podemos hablar de ser instrumentos de amor y consuelo para otros sin antes hablar de ese rasgo particular del carácter de nuestro Dios. Podemos consolar a otros porque consolar está en la misma naturaleza de nuestro Dios. De hecho, Pablo habla de «el Dios de toda consolación» en otra de sus cartas (2 Cor. 1:3).

¿Qué es consolar? La Real Academia define la palabra como aliviar la pena o aflicción de alguien. Los términos que

se traducen como «consolación» están muy ligados a la idea
de la compasión en el hebreo del Antiguo Testamento. Dios
se presenta a sí mismo como el que consuela, y el pueblo de
Israel ponía su esperanza en el consuelo que vendría de parte
del Señor:

Yo, Yo soy su consolador.
¿Quién eres tú que temes al hombre mortal,
y al hijo del hombre que como hierba es tratado? (Isa. 51:12)

Ciertamente el Señor consolará a Sión,
consolará todos sus lugares desolados... (Isa. 51:3)

Sin embargo, cuando llegamos al Nuevo Testamento, se
nos revela por excelencia la naturaleza consoladora de Dios
a través de la persona del Espíritu Santo. Fue el propio Jesús
quien anunció la llegada de este Consolador:

«Entonces Yo rogaré al Padre, y Él les dará otro Consolador
para que esté con ustedes para siempre». (Juan 14:16)

«Consolador» se traduce del griego *parákletos* y su significado literal es «alguien llamado al lado». Me parece hermoso
y una manera perfecta de definir al que consuela como alguien
que está a nuestro lado. Piensa específicamente en el contexto de ese anuncio para poder entender de una manera más
amplia su significado. Jesús está con Su grupo de discípulos,
con los que ha caminado y vivido durante tres años. Este
grupo de hombres era el menos probable para pertenecer al
círculo íntimo del Maestro, pero junto a Él habían recorrido
ciudades y pueblos, y compartido cenas, bodas, momentos
tristes, noches bajo las estrellas, tormentas en el mar, pesque-
rías y ¡milagros! Sin mediar introducción alguna les anuncia

Su partida. ¿Te imaginas el desconcierto, el temor, la duda, la tristeza y la confusión que llenaron sus pensamientos? Me atrevo a decir que de momento no llegaron a comprender las implicaciones de las palabras de Jesús al anunciarles la venida de este Consolador.

El rol del Espíritu Santo era diferente antes de la venida de Cristo y Su obra en la cruz. En el Antiguo Testamento, por ejemplo, el Espíritu Santo capacitaba a los hombres para varios oficios, como ocurrió con Bezalel en la construcción del tabernáculo:

> Y lo ha llenado del Espíritu de Dios en sabiduría, en inteligencia, en conocimiento y en toda clase de arte, para elaborar diseños, para trabajar en oro, en plata y en bronce, y en el labrado de piedras para engaste, y en el tallado de madera, y para trabajar en toda clase de obra ingeniosa. (Ex. 35:31-33)

Otra de Sus obras en el Antiguo Testamento era facultar para roles de liderazgo. Tenemos el caso del grupo que Dios ordenó a Moisés que reuniera para ayudarle en la tarea de dirigir al pueblo (Núm. 11:17). Por otro lado, una de las características principales de la obra o ministerio del Espíritu Santo en el Antiguo Testamento era que no habitaba en las personas de forma permanente. Quienes lo experimentaban en sus propias vidas eran, principalmente, los mediadores del pacto. Me refiero a los líderes, profetas y sacerdotes. La diferencia radica en que el Espíritu de Dios estaba con ellos, pero no moraba en ellos. Por esa misma razón, el Espíritu podía venir sobre el líder como en el caso de los jueces (Jue. 3:10) o de los reyes (1 Sam. 10:10; 16:13), pero también el Señor podía quitar Su Espíritu cuando la encomienda terminaba o debido al pecado, como sucedió con el rey Saúl

(1 Sam. 16:14). En conclusión, el Espíritu Santo ministraba a la nación de Israel a través de estos líderes o mediadores, ya fueran líderes políticos o religiosos, como en el caso de los profetas: «Sin embargo, Tú fuiste paciente con ellos por muchos años, y los amonestaste con Tu Espíritu por medio de Tus profetas» (Neh. 9:30a). Es también en el Antiguo Testamento donde se encuentra la promesa del Espíritu Santo para el pueblo del nuevo pacto:

> Además, les daré un corazón nuevo y pondré un espíritu nuevo dentro de ustedes; quitaré de su carne el corazón de piedra y les daré un corazón de carne. Pondré dentro de ustedes Mi espíritu y haré que anden en Mis estatutos, y que cumplan cuidadosamente a Mis ordenanzas. (Ez. 36:26-27; comp. Ez. 11:16-21; Joel 2)

Aquella promesa fue cumplida en Cristo y ahora los que hemos creído por gracia y fe, tenemos la garantía de que el Espíritu Santo mora en nosotros (Juan 14:17), nos ha sellado para salvación (Ef. 1:13), nos convence de pecado, de justicia y de juicio (Juan 16:8-11), nos guía a la verdad (Juan 16:13), nos da poder para testificar de Cristo (Hech. 1:8), nos da seguridad de la presencia de Cristo en nuestra vida: «Y en esto sabemos que Él permanece en nosotros: por el Espíritu que nos ha dado» (1 Jn. 3:24b). Sin embargo, aquella noche, durante la cena pascual, la idea del Consolador escapaba a la comprensión de los discípulos y no sería hasta el día de Pentecostés que todo cobraría sentido para ellos. Una nueva etapa comenzaba con la presencia permanente del Espíritu Santo, el Consolador, en la vida de los creyentes que constituirían la Iglesia.

Historias de consuelo en la vida de Pablo

> Doy gracias a mi Dios siempre, haciendo mención de ti en
> mis oraciones, porque oigo de tu amor y de la fe que tienes
> hacia el Señor Jesús y hacia todos los santos. [...] Pues he
> llegado a tener mucho gozo y consuelo en tu amor, porque
> los corazones de los santos han sido confortados por ti, her-
> mano. (Filem. 4-5,7)

Hemos vuelto a la carta de Pablo a Filemón. El apóstol había
conocido a Filemón en algún momento, pero el tiempo pasó
y ahora ha escuchado por boca de otras personas —probablemente de Epafras, un consiervo de Pablo, quien había venido
de Colosas a visitarlo— sobre el amor y la fe de Filemón. Ese
amor hacia los hermanos en la fe es lo que ha sido motivo de
consuelo para Pablo (v. 5). La palabra aquí es *paráklesis*, de
la misma familia que *parákletos*, la palabra que usó Jesús para
referirse al Espíritu Santo como el «Consolador». En medio
de sus difíciles circunstancias, escuchar testimonios como el
de Filemón era consolador para Pablo porque estaba viendo
el crecimiento espiritual en la vida de otros creyentes. Este no
es el único caso de consuelo al que encontramos referencia en
sus cartas. Veamos otros más que nos ayudarán a entender el
argumento que quiero plantear: los creyentes estamos llamados a consolar y por eso podemos hacer de esto una oración.

> **Los creyentes estamos llamados a
> consolar y por eso podemos hacer
> de esto una oración.**

Como ya he mencionado en otro capítulo, Pablo le escribe
una carta a Timoteo estando preso en Roma. Fue allí donde
recibió la visita de un creyente del cual no tenemos mucha

información, pero sabemos que era de Éfeso, la ciudad donde Timoteo pastoreaba (2 Tim. 4:19). Su nombre era Onesíforo y, curiosamente, significa «que da fruto». Al menos sabemos que uno de los frutos de su vida era brindar consolación. Mira lo que escribe Pablo:

> Conceda el Señor misericordia a la casa de Onesíforo, porque *muchas veces me dio consuelo* y no se avergonzó de mis cadenas. Antes bien, cuando estuvo en Roma, me buscó con afán y me halló. (2 Tim. 1:16-17, cursivas de la autora)

La palabra que se traduce aquí como «consuelo» tiene un significado interesante en el griego pues transmite la idea de refrescar. Me parece muy acertado porque, cuando pensamos en consuelo, pensamos en algo que nos refresca y nos alivia en medio del dolor. Onesíforo se esforzó por encontrar a Pablo en Roma y fue de bendición para su vida. Él llegó a ser un instrumento de consuelo para el apóstol encarcelado, quien seguramente anhelaba estar junto a sus hermanos en la fe.

Otro ejemplo de ministerio de consolación lo encontramos en la despedida de la carta a los colosenses. Allí se menciona a Tíquico, un nombre que significa «afortunado». Era un colaborador de Pablo procedente de Asia Menor (Hech. 20:4). Se lo menciona cinco veces en el Nuevo Testamento y muchos coinciden en que debe haber sido el portador de la carta a Filemón (junto con Onésimo), así como la de Colosenses y Efesios.

> En cuanto a todos mis asuntos, les informará Tíquico, nuestro amado hermano, fiel ministro y consiervo en el Señor. Porque precisamente para esto lo he enviado a ustedes, para

que sepan de nuestras circunstancias y que *conforte* sus corazones. (Col. 4:7-8, cursivas de la autora)

Pablo envió a Tíquico a Colosas con dos objetivos: lle-
varles noticias de él y para confortarlos. ¿Sabes qué palabra
griega fue la que se tradujo como «confortar»? Pues nada más
y nada menos que *parakaléo*, otra vez de la familia de *parákletos*. Pablo envió a Tíquico como un agente de consolación a
la joven iglesia en Colosas. Dios, en su infinito conocimiento,
sabía que los creyentes de ese lugar necesitaban consuelo a
través de alguien que se acercara a ellos para animarlos y
confortarlos.

Pablo fue consolado y también buscó consolar, ya fuera
con sus escritos o al enviar a colaboradores suyos que cum-
plieran ese rol. En una de sus cartas nos presenta la razón
por la que podemos y debemos consolar a otros. En eso nos
enfocaremos a continuación.

El creyente en el ministerio de consolación

Recuerdo vívidamente las imágenes del 11 de septiembre
de 2001. Estaba ese día en mi casa con unas amigas que me
visitaban de otro país. Alguien de la iglesia me llamó y me
dijo: «Wendy, enciende el televisor, tienes que ver lo que
está pasando en Nueva York». Colgué el teléfono y de inmediato busqué un canal de noticias. Tenía ante mis ojos lo que
parecía una película horrible, pero era una realidad increíble
e impensable. La primera de las dos torres ardía, los pre-
sentadores del programa trataban de dar alguna explicación
cuando, de pronto, el segundo avión apareció en la pantalla y
se estrelló contra la segunda de las torres gemelas. En la sala

de mi casa había tanta consternación que no sabíamos qué decir; lo mismo pasó por unos segundos en el canal de televisión. Nadie entendía con claridad lo que estaba sucediendo como para poder explicarlo y darle sentido.

A medida que pasaban los minutos, que luego se convirtieron en horas y días, este hecho funesto se hacía más real. Los rescatistas tratando de salvar vidas, las terribles imágenes de gente desesperada saltando al vacío. Después vimos imágenes de familiares angustiados que querían llegar al lugar y no podían. Había fuego, escombros por todas partes y cordones policiales tratando de contener a la multitud. Los días pasaban y comenzaron a publicarse las listas de desaparecidos, de las víctimas que ese día fueron a trabajar como cualquier otro día, pero que nunca volvieron a casa con los suyos. La ciudad se llenó de flores, velas y todo tipo de homenajes improvisados. Las lágrimas fueron el pan de día y noche por largo tiempo para muchos que fueron directamente afectados y para millones consternados con ese suceso tan doloroso.

Años después, visité el monumento que ahora ocupa el lugar donde un día estuvieron esas torres. Inscritos sobre el mármol están los nombres de todos los que perdieron su vida como consecuencia de aquel ataque terrorista. Sentí una rara sensación de tristeza e impotencia.

Recordar esos sucesos me hace preguntarme: ¿cómo encontrarán consuelo quienes atraviesan un dolor tal que las palabras no alcanzan a describir? Existe una respuesta y de eso habla Pablo en su segunda carta a los corintios:

Bendito sea el Dios y Padre de nuestro Señor Jesucristo, Padre de misericordias y Dios de toda consolación, el cual nos consuela en todas nuestras tribulaciones, para que también nosotros podamos consolar a los que están en cualquier aflicción, dándoles el consuelo con que nosotros mismos somos consolados por Dios.

Porque así como los sufrimientos de Cristo son nuestros en abundancia, así también abunda nuestro consuelo por medio de Cristo. Pero si somos atribulados, es para el consuelo y salvación de ustedes; o si somos consolados, es para consuelo de ustedes, que obra al soportar las mismas aflicciones que nosotros también sufrimos. Y nuestra esperanza respecto de ustedes está firmemente establecida, sabiendo que como son copartícipes de los sufrimientos, así también lo son de la consolación. (2 Cor. 1:3-7)

Pablo llama a Dios el Dios de toda consolación, una hermosa descripción que acabamos de ver. Pablo no duda en decir que el Señor nos consuela *en todas nuestras tribulaciones*. Por lo tanto, podemos decir con seguridad que no hay dolor demasiado grande o profundo que Dios no pueda consolar. ¿Qué significa que seamos consolados? Que descansamos en la soberanía de Dios, que hallamos alivio en saber que no es ajeno a nuestra situación, que todo es parte de Su plan, que nada escapa de Su conocimiento y que podemos correr a refugiarnos en Su amor y protección. Uno de mis predicadores favoritos de todos los tiempos, el inglés Charles Spurgeon, dijo sobre este nombre de Dios:

En Dios está guardado todo tipo de consuelo. No importa lo que necesites para soportar tu aflicción, Dios tiene exactamente la clase de consuelo que necesitas, y está listo para dártelo. [...] Si el pueblo de Dios puede encontrar algún consuelo en la enfermedad, en la prisión, en la necesidad, en la depresión, el Dios de todo consuelo lo repartirá según lo necesites.[1]

> Descansamos en la soberanía de
> Dios, hallamos alivio en saber que
> no es ajeno a nuestra situación,
> todo es parte de Su plan, nada
> escapa de Su conocimiento y
> podemos correr a refugiarnos en
> Su amor y protección.

Algo que no debemos perder de vista es que Pablo nos enseña que uno de los propósitos de nuestros sufrimientos como creyentes es recibir el consuelo de Dios para que después podamos llevar a otros ese mismo consuelo. Te invito a repetir con detenimiento las palabras de Pablo:

> [Dios] nos consuela en todas nuestras tribulaciones,
> para que también nosotros podamos consolar a los que están
> en cualquier aflicción,
> dándoles el consuelo con que nosotros mismos somos consolados por Dios. (división de la autora)

No pierdas de vista que no se trata de nuestra propia sabiduría, ni tampoco de métodos o soluciones que sugirió algún gurú de autoayuda. ¡Para nada! La exhortación de Pablo es a convertirnos en agentes de consolación porque hemos sido consolados directamente por Dios mediante Cristo. Solo los creyentes gozamos de esa bendición por pura gracia. Ni siquiera Pablo se coloca en el lugar de Consolador que solo le corresponde al Señor en el trato con Sus propios hijos en Cristo.

Cuando las personas sufren, acuden a muchos sucedáneos de consuelo: comida, alcohol, compras, aislamiento, televisión, drogas, sexo y todo tipo de religiones o fetiches. En ocasiones, acuden a hacerse daño a sí mismas cortando la piel hasta sangrar y, algunos, lamentablemente, hasta tratan de escapar por completo e intentan ponerle fin a su vida. El asunto es que ninguna de estas cosas puede producir verdadero consuelo porque solo en Dios está el consuelo, aquí, ahora y en la eternidad. Quienes estamos en Cristo lo hemos experimentado de una manera u otra. No podemos sino decir junto a Pablo: ¡Bendito sea Dios!

Como ya he dicho, un consolador, un *parákletos*, es alguien que va al lado de otro. Consolar es caminar junto al que sufre, ayudarlo a llevar su carga y animarlo cuando los brazos desfallecen. La consolación implicará algunas veces solo callar y abrazar mientras acompañamos y oramos en silencio por esa persona que sufre. Consolar también es apuntar a otros a la verdad, lo mismo que hace nuestro *parákletos*, el Consolador. No es necesario aclarar que no somos el Espíritu Santo, pero lo que quiero decir es que, al igual que Él viene a nuestro lado y nos guía a la verdad, nosotros podemos acompañar a otros para recordarles la verdad del evangelio, apuntarlos a Cristo en situaciones difíciles, cuando se suele poner demasiado énfasis solo en las circunstancias y poco en la verdad poderosa de Su Palabra. Apuntamos a la verdad cuando el dolor es grande y podríamos dudar del carácter de Dios o dejarnos engañar por una mentira del enemigo.

No estamos hablando de una tarea especial o para solo unos pocos. Las Escrituras instruyen a los creyentes a que nos consolemos mutuamente:

> Por tanto, confórtense los unos a los otros, y edifíquense el uno al otro, tal como lo están haciendo. (1 Tes. 5:11)

> Por lo demás, hermanos, regocíjense, sean perfectos, confórtense, sean de un mismo sentir, vivan en paz, y el Dios de amor y paz estará con ustedes. (2 Cor. 13:11)

Cuando actuamos como agentes de consolación, estamos amando al prójimo, poniendo su dolor o dificultad en primer lugar. Eso me hace pensar de inmediato en el ejemplo de Jesús en la cruz. En aquel momento de dolor insoportable, entre los pocos respiros que podía tomar, de Su boca llegaron a salir palabras de consuelo para el malhechor que sabía que no había ninguna otra esperanza y que merecía ese castigo. Él clamó por misericordia y mira el consuelo inmenso y auténtico del Salvador: «En verdad te digo: hoy estarás conmigo en el paraíso» (Luc. 23:43).

Desde la misma cruz también miró el rostro de María, Su madre —probablemente bañado en lágrimas— y la compasión de Sus palabras fueron el consuelo necesario para ella en aquella hora tan oscura:

> Y cuando Jesús vio a Su madre, y al discípulo a quien Él amaba que estaba allí cerca, dijo a Su madre: «¡Mujer, ahí está tu hijo!». Después dijo al discípulo: «¡Ahí está tu madre!». Y desde aquella hora el discípulo la recibió en su propia casa. (Juan 19:26-27)

Finalmente, cuando ya el aliento apenas le alcanzaba, pronunció las palabras más consoladoras de la historia: «¡Consumado es!» (Juan 19:30). Ya todo está hecho, el precio pagado, la esperanza comprada con sangre y la muerte por fin derrotada para siempre. Esas palabras son consuelo para ti y para mí, pecadores redimidos. Cuando sintamos que el mundo pesa demasiado, nuestras faltas vuelvan a mirarnos a la cara y el enemigo del alma quiera acusarnos otra vez, podemos con toda certeza encontrar consuelo porque somos salvos porque Cristo ya todo lo pagó.

Podemos entregar ahora ese mismo consuelo tanto al que camina todavía en oscuridad como al que ya ha sido traído a la luz.

Una nueva lista de oración

Recuerdo que personas llenas de consuelo han pasado más de una vez por mi propia vida. Han venido a mi lado y caminaron junto a mí; unas veces orando por mí, otras abrazando y otras recordándome la verdad que por diferentes circunstancias difíciles mi corazón había olvidado. Ellas me consolaron y doy gracias a Dios por sus vidas. Recuerdo también las ocasiones en las que he tenido la oportunidad de consolar a otros en circunstancias que no hubieran querido atravesar, pero de las que no estamos libres, porque forman parte de nuestra experiencia debajo del sol en este mundo roto.

Como te conté al principio, también hubo momentos en los que he perdido la oportunidad de consolar, ya sea por querer simplemente buscar solucionar la situación en mis fuerzas o solo por estar demasiado enfocada en mis propios asuntos y no prestarle atención real a los demás.

Al terminar de escribir este capítulo, me siento confrontada y le pido al Señor que me ayude a cambiar mi lista de oración. Nuestro mundo necesita que Dios haga de nosotros alguien como Onesíforo, Tíquico, Pablo y Filemón, agentes de consolación para otros porque tenemos el único mensaje que de verdad consuela, conforta, refresca y da esperanza: el evangelio.

¿Qué verdades sobre el Espíritu Santo has aprendido o recordado al leer este capítulo?

....
....
....
....
....
....
....
....
....
....

¿Recuerdas algún momento en que alguien fue un agente de consolación para ti? ¿Cómo lo experimentaste?

....
....
....
....
....
....
....
....
....
....

Piensa en las personas que conoces. ¿Hay alguien que necesite consuelo de una manera específica en este momento? ¿Qué puedes hacer al respecto?

....
....
....
....
....
....
....
....
....
....

Considerando lo que hemos tratado en este capítulo, ¿cómo puede cambiar tu lista de oración? Puedes usar este espacio para comenzar hoy mismo con una lista de oración renovada.

....
....
....
....
....
....
....
....
....
....

Más allá de mi
LISTA DE ORACIÓN

 Señor: Danos un amor anclado en la verdad
(Filipenses 1:9-11)

■ Señor: En un mundo de dolor, permíteme
ser un instrumento de consuelo a corazones
heridos y desesperanzados (Romanos 10:1)

■ Señor: Estamos agobiados, necesitamos de ti
y de tu paz (Filipenses 4:6-7)

CAPÍTULO 6

Por nada estén afanosos; antes bien, en todo, mediante oración y súplica con acción de gracias, sean dadas a conocer sus peticiones delante de Dios. Y la paz de Dios, que sobrepasa todo entendimiento, guardará sus corazones y sus mentes en Cristo Jesús. (Fil. 4:6-7)

¿Cuál es tu idea de descanso? Cada uno de nosotros tiene una idea diferente que depende de su propio contexto. Para la mamá con niños pequeños, podría ser dormir una noche completa, terminar el plato de su cena o poder darse una ducha sin tener que salir casi mojada por el llanto en la habitación de al lado. ¡Recuerdo esos tiempos! Para un estudiante, podría ser el período de vacaciones sin la necesidad de prepararse para los exámenes ni pasar largas noches acompañadas de café mientras acaba un proyecto o termina de escribir ese ensayo que dejó para última hora. Algunos suelen igualar el descanso al momento en que por fin podrán retirarse y dedicar sus días a alguna afición anhelada por años, pero que solo permanece como un mero deseo en un futuro todavía lejano. Otros conciben el descanso como un lugar en donde el verde de la vegetación cubre cada centímetro y la altura de las montañas parece perderse en el firmamento, mientras el silencio ensordece, o tal vez el único sonido es el del agua del río que corre sin parar.

Cuando yo pienso en descanso, por lo general mi mente se transporta a alguna playa turquesa, donde el viento huele a sal, el sol brilla bajo el manto del cielo, las olas llegan alegres a la orilla y estoy sentada bajo la sombra de una palmera con un libro en la mano o simplemente contemplando la grandeza del océano que, al mismo tiempo, me recuerda mi pequeñez. De una manera u otra, sin importar cómo lo imaginemos, lo cierto es que todos en algún momento queremos descansar.

Sin embargo, el problema con todos estos cuadros que acabo de describir es que son bastante limitados. Aunque descansemos en el momento en que llegamos a la montaña o visitamos el océano, de nuevo sentiremos cansancio y, por lo tanto, otra vez volveremos a anhelar el tiempo de descanso. El asunto es que tenemos límites, nos cansamos porque somos criaturas, no superhéroes de una aventura ficticia. Sin embargo, aunque el cansancio azote nuestro cuerpo y nuestra mente —requiriendo que hagamos una pausa ya sea a diario, semanalmente o dos o tres veces al año durante vacaciones—, la Palabra de Dios nos enseña que nuestra alma puede vivir en descanso, sin afán, sin esa ansiedad que parece invadir los corazones de todos en nuestra generación.

Este es precisamente el tema del que Pablo escribió en su carta a los filipenses, una iglesia por la que él sentía un cariño especial, como mencionamos antes. Aunque no es precisamente una oración, sí tiene relación directa con nuestro tema y nos puede ayudar mucho a considerar aquellas cosas por las que oramos. Como ya hablamos sobre los aspectos generales de la carta, no es necesario repetirlos; pero si deseas, puedes repasarlos en la página 69.

El ancla del gozo

Como un texto sin contexto es un pretexto, es prudente que hablemos un poco de lo que viene escribiendo Pablo en Filipenses antes de llegar al pasaje en el que reflexionaremos. Llegamos a esta sección, el capítulo 4, pero sin olvidar que la carta no fue escrita con capítulos y versículos, sino como un solo texto. El corazón del apóstol se abre una vez más con las primeras palabras para revelar el amor que siente hacia esta congregación:

> Así que, hermanos míos, amados y añorados, gozo y corona mía, estén así firmes en el Señor, amados. (Fil. 4:1)

Ellos son causa de gozo para Pablo, los ve como una corona, es decir, como una insignia de honor, porque son producto de su labor evangelística y misionera. Por segunda vez los anima a estar firmes en el Señor, una idea que también enfatiza al comienzo de la epístola (1:27).

De inmediato pasa a exhortar a Evodia y a Síntique, dos mujeres de la iglesia de Filipos a quienes considera sus colaboradoras, pero que, por alguna razón, están teniendo un desacuerdo: «Ruego a Evodia y a Síntique, que vivan en armonía en el Señor» (Fil. 4:2). Todo parece indicar que el conflicto era serio porque llegó a oídos de Pablo, y le pide a otro colaborador anónimo que ayude a resolver el desacuerdo. Luego les recuerda algo hermoso a ellas y a sus otros colaboradores: sus nombres están escritos en el libro de la vida (4:3). Lo que viene a continuación es sorpresivo. Pablo pasa sin ningún preámbulo a una frase en modo imperativo, un mandato: «Regocíjense en el Señor siempre» (4:4). No perdamos de vista que acaba de mencionar que sus nombres están en el libro de la vida y ahora les dice que se regocijen en el Señor. Me pregunto si estas palabras de Jesús tal vez hayan venido a la mente del apóstol:

«Sin embargo, no se regocijen en esto, de que los espíritus se les sometan, sino *regocíjense de que sus nombres están escritos en los cielos*» (Luc. 10:20, énfasis de la autora). El punto es que la razón por la que Pablo les ordena regocijarse es que sus nombres están escritos en los cielos, que tienen un lugar en la vida eterna gracias a la obra de Cristo Jesús.

Pareciera que Pablo les está diciendo que, incluso cuando haya desavenencias que puedan hacer difícil el trabajo en el Señor, ¡regocíjense, tienen un motivo sublime para hacerlo! No se regocijen en las circunstancias, ya sean buenas o malas, sino en el Señor y Su obra maravillosa a nuestro favor por pura gracia. No sé si es tu caso, pero «regocijo» no es lo primero que viene a mi mente cuando estoy en medio de un desacuerdo. Pablo no estaba loco ni vivía flotando cuando ordenó regocijarse. Es posible que tuviera claro que esa situación en la iglesia, o cualquiera semejante, puede convertirse en un ladrón de gozo y en una raíz de amargura. Justo en momentos así debemos recordar que todo es circunstancial debajo del sol, y por eso podemos regocijarnos… ¡en Cristo!

Pero hay mucho más que podemos rescatar de las palabras del apóstol a los filipenses. Podemos inferir que esos creyentes no tenían una vida fácil, estaban sufriendo y eran víctimas de la persecución. Por eso Pablo les dice:

De ninguna manera estén atemorizados por sus adversarios, lo cual es señal de perdición para ellos, pero de salvación para ustedes, y esto, de Dios. Porque a ustedes se les ha concedido por amor de Cristo, no solo creer en Él, sino también sufrir por Él. (Fil. 1:28-29)

Sufrían a causa de su fe en Cristo. Por eso su vida cotidiana no era una panacea y tampoco era color de rosa, pero Pablo los invita, los exhorta, les ordena que se *regocijen y se alegren en el Señor*. Una vez más, ¿qué quiere decir regocijarse en el Señor? Es ponerlo solo a Él como la fuente de mi gozo. Lo que Dios es y lo que ha hecho por mí es motivo de gozo. No tiene que ver con pensamiento positivo como se cree popularmente en la actualidad. Tampoco es repetir frases trilladas de «cristianés» para impresionar a otros y tratar de sentirnos bien. No, el gozo al que Pablo se refiere es resultado de poner la mirada en Cristo porque Él es la razón del gozo verdadero.

Pablo no solo ordena que se alegren o regocijen alguna vez, sino que lo hagan siempre. Es muy fácil dejar que nuestro gozo dependa de las circunstancias, alegrarnos cuando la vida marcha «viento en popa», sin dificultades y cuando no hay conflictos (como el de Evodia y Síntique), cuando no hay carencias ni enfermedades. Hablo por experiencia propia porque, en muchas ocasiones, he permitido que lo circunstancial nuble mi vista a lo eterno y me haga creer que no puedo vivir gozosa. Pero Pablo nos enseña en esta carta, y también lo observamos en toda la Escritura, que el gozo del creyente no depende de las circunstancias ni de nosotros, sino que siempre es en el Señor. El salmista lo enfatiza al cantar:

… Regocíjense en Ti
los que aman Tu nombre.
(Sal. 5:11)

Ya sabemos que Pablo escribió este mandato a vivir con gozo estando preso y es evidente que una cárcel no es motivo de gozo. Aunque todo parece indicar que era una especie de arresto domiciliario, igual no gozaba de libertad. Bajo esas condiciones escribió la carta que muchos catalogan como «la epístola del gozo». Si Pablo la hubiera escrito tranquilo desde su casa o mientras disfrutaba de un ministerio sin complicaciones, sería más entendible su invitación al regocijo. Pero Filipenses es una carta que desafía toda lógica, porque Pablo estaba privado de su libertad, en espera de sentencia y con un futuro incierto. Él tenía todos los motivos del mundo para escribir más bien «la epístola de la queja y el llanto». Sin embargo, su carta tiene dieciséis referencias al gozo. Con justa razón, Pablo no solo ha sido llamado el teólogo de la gracia, sino que también muchos lo reconocen como el teólogo del gozo. ¡Gozo en el Señor!

El tío abuelo, que ya está con el Señor y que mencioné en el capítulo 2, me recordó hace muchos años cuando regresaba de la universidad, que las quejas solo apagan el gozo. Había sido un día largo en el clima súper caliente de Cuba. Cuando terminamos las clases, llegamos a la parada del bus y luego de un par de horas nos dijeron que no saldría ningún otro hasta el día siguiente. No teníamos otra opción que caminar ¡8,5 kilómetros! Si no fuera porque lo viví, no lo creería si alguien me lo contara. Llegué a la casa de mis abuelos exhausta, con un hambre voraz y decidida a dejar la universidad. ¡Era demasiado esfuerzo! Mientras le contaba a mi abuela entre quejas todo lo sucedido, mi tío abuelo salió del cuarto y con su voz suave y un tanto risueña, pero firme, me dijo: «Wendy, el libro de Lamentaciones ya se escribió y tú no vas a añadir la segunda parte. ¡Deja las quejas!». Quizá me dijo algo más, pero solo esa frase tan clara se ha quedado grabada en mi memoria. Por supuesto, la situación no era agradable ni fácil, pero yo estaba dejando que algo que no estaba bajo mi control tomara control de mis emociones y me llenara de amargura.

No es que mi tío viviera una vida idílica y sin contratiempos. Por el contrario, al igual que Pablo, había experimentado la injusticia, el maltrato, la falta de libertad, lo horrible de una cárcel por causa de su fe. Como parte de una ola represiva del régimen de Fidel Castro, mi tío fue llevado a prisión junto con muchos pastores y seminaristas en 1965. Sin embargo, puedo decir con certeza que nada de eso le quitó el gozo que solo viene de estar en Cristo Jesús. Era un gozo contagioso que compartía con otros y permeaba todo lo que hacía. Sus palabras de esa tarde procedían de un corazón convencido por la verdad, no de una frase hueca y repetida como mantra.

> Sabemos que por más difícil que sea nuestra realidad presente, nuestro Dios soberano la gobierna de principio a fin.

Leí que el gozo debiera ser una marca sobresaliente en los creyentes. Lamentablemente, a veces nos conocen por muchas cosas, pero no precisamente por ser personas gozosas. ¿Sabes? Vivir con gozo no quiere decir que vivimos desconectados de la realidad. ¡Por el contrario! Los cristianos vivimos conscientes de la realidad, pero ese contexto no determina nuestro estado de ánimo ni gobierna nuestro corazón, porque sabemos que por más difícil que sea nuestra realidad presente, nuestro Dios soberano la gobierna de principio a fin. El gozo del creyente tampoco es una ilusión ni una «buena vibra». No es algo que tenemos que fingir ni producir, porque la Escritura nos dice que el fruto del Espíritu Santo en cada creyente es también gozo (Gál. 5:22). Por lo tanto, aunque lo que Pablo acaba de decir no es una oración en el sentido estricto de la palabra, considero que podemos usar sus palabras para pedirle al Señor que ancle nuestro corazón en el gozo de tener a Cristo y que lo haga crecer firme y fuerte; que nos ayude a recordar la verdad de que tenemos motivos más que suficientes para regocijarnos, incluso cuando la vida es complicada y duele.

Gozo que redunda en un trato gentil

Pablo luego exhorta a los hermanos de Filipos a que resuelvan el conflicto, que vivan con gozo y por eso les dice: «La bondad de ustedes sea conocida de todos los hombres» (4:5a). Si por algo iban a conocer a los cristianos de Filipos, que no fuera por ser personas inclinadas a las peleas y los conflictos, sino por ser gentiles, bondadosos y pacientes.

Todo lo que leemos en la Escritura fue escrito para sus lectores originales y también para nosotros. Las palabras de Pablo son para ti y para mí. No puedo evitar pensar en la coyuntura particular que en estos días estamos viviendo desde el año 2020. Pareciera que vivimos en una guerra constante unos contra otros, particularmente en las redes sociales. La bondad y la gentileza parecen haber salido por la ventana. Creemos que deberíamos opinar de todo en tiempo real y sin mayor reflexión o consideración. Sí, es cierto que no estamos de acuerdo con todo lo que se dice, pero eso no justifica la manera en que nos atacamos, los comentarios despectivos y las acusaciones cargadas de afrenta. Los cristianos podemos disentir sin ofender, podemos discrepar y ser gentiles a la vez.

Pablo anima a estos creyentes perseguidos a ser bondadosos o gentiles con todos sin distinción: «La bondad de ustedes sea conocida de todos los hombres» (v. 5a). Es interesante porque los está exhortando a comportarse gentilmente a pesar de la oposición y el sufrimiento que eran parte de su vida. Si consideramos lo que ha venido diciendo, el mensaje de Pablo es que, a medida que se regocijan continuamente en el Señor en sus corazones, lo que otros deben ver de forma visible es gentileza, bondad e incluso humildad, que es otra manera de traducir la palabra «bondad».

El mensaje de Pablo es que seamos considerados con todos y lo dice fuerte y claro. Eso incluye a aquellos a quienes preferiríamos tratar de cualquier otra manera menos con bondad o gentileza, porque no han actuado así con nosotros. Incluye también a los que no nos caen bien y a los que simplemente preferiríamos evitar. ¿Cuál es la razón de esa exhortación tan enfática? Pablo continúa y dice con pocas palabras: «El Señor está cerca» (v. 5b).

Esta frase ha sido causa de debates interpretativos por muchos años. Unos la ven como una escatología[1] realizada; es decir, Cristo ya vino y está cerca de nosotros en la persona del Espíritu... por eso podemos ser gentiles y bondadosos. Eso es cierto porque Él vive en nosotros y es la fuente de toda gentileza. Otros ven la frase como escatología futura y ya que el Señor vendrá pronto, entonces podemos cobrar ánimo y ser gentiles y bondadosos, incluso en medio de personas y realidades difíciles, como cuando nos tratan injustamente. El Señor que viene pronto tomará en Sus manos la justicia. Esto también es cierto. Sin importar la postura que asumamos, debemos reconocer que no podemos controlar lo que otros dicen ni cómo actúan, pero sí cómo reaccionamos (Prov. 26:4-5). La Escritura nos enseña a través de Pablo que el gozo que tenemos en el Señor es motivo para ser gentiles y tratar a otros con la misma gentileza o bondad con la que el Señor nos ha tratado. Es verdad que hay relaciones que parecieran apagar toda llama de gozo por lo difíciles que resultan, pero si recordamos lo que tenemos en Cristo y la relación que Él nos ofrece por Su sola gracia, entonces podemos ser realmente gentiles con los demás.

El evangelio repercute sobre cada área de nuestra vida. Cuando miro a la cruz y lo que Cristo hizo a nuestro favor, puedo recordar de inmediato que no merecía que el Señor me tratara bien ni fuera misericordioso conmigo. Esa cruz era para mí, pero Cristo ocupó mi lugar. Recibí bondad de parte de Dios y ahora Cristo en mí produce bondad o gentileza. ¡Él está cerca! Al mismo tiempo, cuando miro al futuro, a la esperanza de una nueva creación, y considero lo que el Señor ha hecho posible, también puedo vivir con gozo y mostrar gentileza, aquí y ahora, ¡incluso cuando las relaciones humanas no sean fáciles! El gozo del Señor nos permite ser gentiles en un mundo hostil, gentiles en el tráfico, el supermercado, la intimidad del hogar, la oficina y en el pasillo de la iglesia.

La exhortación de Pablo es que seamos conocidos por ser gente bondadosa, gentil y amable. Ese debe ser el resultado natural de ser un pueblo redimido por gracia que se regocija en el Señor. Todo lo que acabamos de ver sirve de marco a la invitación a orar que veremos a continuación en el resto de la reflexión paulina.

¿Qué hacer con las preocupaciones?

El próximo versículo en este pasaje es muy popular, uno que muchos hemos memorizado. Lo encontramos en afiches decorativos o impreso en camisetas y tarjetas. Si lo vivimos o no, es un asunto muy diferente.

> Por nada estén afanosos; antes bien, en todo, mediante oración y súplica con acción de gracias, sean dadas a conocer sus peticiones delante de Dios. (Fil. 4:6)

Pablo nos acaba de decir que «el Señor está cerca» y, dentro de ese contexto, nos exhorta a vivir sin afán o ansiedad.

Este lenguaje también se hace eco de otras palabras de Jesús: «Por eso les digo, no se preocupen por su vida» (Mat. 6:25).

Este tipo de ansiedad o preocupación es la que nos lleva a querer tomar cartas en cada asunto de nuestra vida como si todo dependiera de nosotros. Sin embargo, lo que nos enseña Pablo y lo que Jesús dijo en el Sermón del Monte es que dejemos el afán y la ansiedad y que pongamos nuestras preocupaciones en manos de Dios. De hecho, Jesús afirma que así viven los que no conocen a Dios:

> Así que no se preocupen por todo eso diciendo: «¿Qué comeremos?, ¿qué beberemos?, ¿qué ropa nos pondremos?». Esas cosas dominan el pensamiento de los incrédulos, pero su Padre celestial ya conoce todas sus necesidades. (Mat. 6:31-32, NTV)

Las personas que no conocen a Cristo viven así, ansiosas y preocupadas por estos detalles de la vida. ¿Por qué? Porque se ven a sí mismas como su única fuente de provisión y seguridad basada en sus propias fuerzas. Pensemos en esta idea para poder entenderla mejor. Por ejemplo, ¿se preocupan nuestros hijos por lo que van a comer? Por lo general, no. Ellos saben que los padres se encargan de poner el plato en la mesa a la hora del almuerzo o de la cena. Piden comida cuando tienen hambre porque no les toca preocuparse por eso; sus padres lo harán y lo resolverán. Esa es la idea de estos pasajes. No hay razón para el afán cuando tenemos un Padre fiel y proveedor que sabe lo que necesitamos y se hace cargo. Por lo tanto, se trata de un asunto de confianza en Dios.

Pablo propone que oremos cuando el afán o la ansiedad tocan a la puerta del corazón. Lo que dice es que no nos afanemos por nada y que, por el contrario, le demos a conocer a Dios todas nuestras peticiones. Es inevitable ver el contraste entre nada y todo. Por nada ansiosos, con todo a Dios en oración. Surge la pregunta: ¿cuál es la relación de este llamado con la primera oración del párrafo sobre regocijarnos en el Señor? Esto es lo que entiendo: si siempre estoy regocijándome en el Señor, si recuerdo quién es Él y lo que ha hecho posible por mí a través de la cruz, entonces, cuando llega la preocupación, se la entrego a Dios en oración.

Sabemos que nuestras listas de oración están cargadas de situaciones preocupantes. Por eso no quiero que malentiendas y pienses que estoy diciendo que no oremos por nada que nos preocupe. El punto no es que dejemos de orar por estas cosas. ¡Al contrario! El Señor nos llama a ir delante de Su presencia con todas esas preocupaciones y peticiones para dejarlas allí. Esta es la parte con la que más luchamos, ¿cierto? A pesar de orar y de clamar por una necesidad particular, seguimos cargando con la preocupación, se nos hace agua la mente intentando buscar soluciones y hasta pasamos horas recorriendo páginas en Internet con la esperanza de encontrar una respuesta inmediata. Esa ansiedad no rendida al Señor crece y crece hasta robarnos el gozo y dejarnos sin fuerzas.

> Cuando oramos a Dios,
> reconocemos quién tiene el control,
> lo sabe todo, lo puede todo y tiene
> la respuesta.

Los seres humanos no tenemos la capacidad de borrar registros de nuestro cerebro, por lo que es obvio que no es a eso a lo que se refiere la Escritura cuando nos dice que no nos afanemos por nada. No se trata de ignorar el asunto o negar lo que sucede. El llamado es a ir a Dios en oración con una actitud de confianza, rendición y dependencia. Es reconocer que no tenemos la capacidad para lidiar con el asunto, que no tenemos la respuesta, que la solución se escapa de nuestras manos, que los recursos se nos agotan y a veces ni siquiera nos quedan más lágrimas por derramar. Cuando oramos a Dios reconocemos quién tiene el control, lo sabe todo, lo puede todo y tiene la respuesta. Las palabras de Spurgeon al comentar este pasaje son hermosas:

> ... vivir con esa santa despreocupación que es la auténtica belleza de la vida cristiana, cuando ponemos todas nuestras preocupaciones sobre Dios y nos gozamos y regocijamos en Su cuidado providencial para con nosotros.[2]

¡De eso se trata! No es borrar estas peticiones de nuestra lista de oración, sino presentarlas a Dios y confiarlas por completo a Su cuidado.

Oraciones envueltas en gratitud

Esta analogía puede ayudar, aunque tal vez suene demasiado prosaica. Pablo nos pide que acudamos a Dios en oración con todo lo que nos preocupa, como si fuera una especie de paquete que le vamos a entregar. Pero ese paquete tiene la gratitud como envoltura peculiar:

> Por nada estén afanosos; antes bien, en todo, mediante oración y súplica *con acción de gracias*, sean dadas a conocer sus peticiones delante de Dios. (Fil. 4:6, énfasis de la autora)

Ahora bien, si leemos este pasaje de forma aislada y sin considerar nada más, pareciera que Pablo nos está exhortando a vivir una especie de masoquismo espiritual, como si nos dijera: «Den gracias por el cáncer, el familiar que falleció, el matrimonio destruido, el hijo rebelde, el negocio que perdiste, el gobierno malvado que aplasta a sus ciudadanos y les roba toda libertad y por cualquier otra cosa terrible que nos pueda suceder». Pero esa no es la idea. ¿Cómo lo entendemos entonces? ¿Qué quiere decir que presentemos nuestras peticiones y súplicas con acción de gracias? Entiendo que Pablo nos está invitando a dar gracias a Dios en toda situación porque Él es la respuesta:

- Él es la fortaleza y el consuelo ante el cáncer y también tiene el poder para sanar. Por eso podemos darle gracias.
- Él es nuestra paz cuando un familiar fallece. Podemos darle gracias.
- Él es refugio y compañía cuando un matrimonio se destruye. Podemos darle gracias.
- Cristo y Su obra en la cruz son nuestra esperanza cuando tenemos un hijo rebelde. Por eso le damos gracias.
- Él es nuestra provisión cuando el negocio se pierde. Podemos darle gracias.
- Cuando vivimos con un gobierno malvado, tenemos la certeza de que Cristo volverá para reinar en justicia. Por eso podemos dar gracias, porque sabemos cómo terminará la historia.

Orar con gratitud es también recordar que el mismo Dios que fue fiel antes lo seguirá siendo. Él no ha cambiado ni tampoco Su Palabra. Alguien dijo que la gratitud es la memoria del corazón. La gratitud también implica un convencimiento de otra gran verdad de la Escritura que afirma lo siguiente: «Y sabemos que para los que aman a Dios, todas las cosas cooperan para bien, esto es, para los que son llamados conforme a Su propósito» (Rom. 8:28). Dios siempre obra para el bien de los suyos y por eso «envolvemos» nuestras oraciones en gratitud.

> No damos gracias porque nos gusten estos escenarios, sino que damos gracias al Dios que se revela a nuestras vidas en medio de ellos.

Tenemos la certeza de quién sostiene nuestras vidas y de Su plan perfecto y soberano. Es obvio que preferiríamos no tener que pasar por el dolor de una muerte o una enfermedad como el cáncer. Nadie quiere hijos rebeldes ni negocios quebrados. No damos gracias porque nos gusten estos escenarios, sino que damos gracias al Dios que se revela a nuestras vidas en medio de ellos. En esa verdad podemos descansar y encontrar paz, la cual es el punto final a nuestro pasaje.

La paz que tanto anhelamos

Pablo habla a los filipenses de lo que sucede cuando ponen sus cargas y ansiedades en manos de Dios por medio de la oración. Les habla de la paz de Dios como un guarda, algo que protege la mente y el corazón:

> Y la paz de Dios, que sobrepasa todo entendimiento, guardará sus corazones y sus mentes en Cristo Jesús. (Fil. 4:7)

La idea de «guardar» en este contexto es proteger, mantener bajo cuidado. Al escribir a sus hermanos creyentes de Filipos, perseguidos y angustiados, Pablo apela a la verdad de que nuestro Dios es el soberano de la paz; entonces, cuando oramos podemos tener paz en Él. No quiere decir que tendremos paz porque todas nuestras oraciones serán contestadas de la manera que deseamos, sino que podemos descansar y tener paz porque, en primer lugar, Él conoce nuestras preocupaciones y angustias y, en segundo lugar, esas oraciones están delante de Dios. Un comentarista lo expresa de esta manera:

> La paz de Dios no es el resultado del poder de nuestras oraciones ni de la eficacia de nuestras oraciones. La oración no es autosugestión ni una forma de autohipnosis que produce la paz de Dios. La oración es nuestra franqueza delante de Dios acerca de nuestras necesidades.[3]

Las palabras de Pablo nos permiten concluir que el resultado de orar, de acudir a Dios y clamar a Él con acción de gracias es la paz de Dios que opera como un guarda de nuestra mente y corazón. Una paz inexplicable pero que es muy real. Me hace recordar uno de los primeros pasajes de la Biblia que memoricé. Creo que tenía unos seis o siete años cuando mi abuela me enseñó un versículo de un salmo. Lo voy a citar en la versión clásica en que lo aprendí: «En paz me acostaré, y asimismo dormiré; porque solo tú, Jehová, me haces vivir confiado» (Sal. 4:8, RVR1960). Se trata de una oración de confianza en Dios del rey David, en donde expresa su certeza de que el Señor escucha cuando clamamos a Él y responde a nuestra oración. El versículo que memoricé está al final de ese salmo. De seguro ya te diste cuenta adónde quiero llegar. David escribió que podía dormir tranquilo porque había entregado sus preocupaciones a Dios quien, por cierto, ¡siempre está despierto y atento a todo!

Aunque era pequeña, mi vida estaba pasando por un tiempo doloroso y tormentoso cuando mi abuela me enseñó este versículo. Mis padres acababan de divorciarse y no fue amigable. Todo lo contrario. Las circunstancias fueron mucho más complicadas de lo que puedo escribir aquí. Observar el dolor de mi mamá y todo lo que pasaba tras el lente de mi corta edad lo hacía todavía más difícil; mi mente no lo podía entender. No importa que traten de convencernos de lo contrario, un divorcio es traumático para los hijos. Todo lo que hasta ese momento yo consideraba seguro y constante había desaparecido cuando se fracturó mi familia.

Mi abuela era mi «paño de lágrimas» en ese tiempo. Una y otra vez, acudí a ella en busca de consuelo y refugio. Ella trataba de proteger mi corazón con paciencia y sabiduría y, al mismo tiempo, buscaba apuntar mi mirada al verdadero Consolador. Comenzó a leerme la Biblia a escondidas (una historia que he contado en otro momento) y a orar conmigo. Mi mente de niña estaba cargada y abrumada por lo que sucedía. Me la pasaba llorando, pero mi amada abuela me enseñó con este pasaje que yo podía dormir en paz porque el Señor podía llevar mi carga y darme descanso.

En muchos sentidos, la vida es un ciclo de episodios que se repiten. Llegué a ser mamá y algunas de las escenas que viví con mi abuela volvieron a ocurrir, aunque en circunstancias diferentes. Por la gracia de Dios, mis hijos no han vivido momentos como el que acabo de describir, pero la vida en un mundo roto nunca dejará de tener dificultades, incertidumbres, tristezas y todo lo demás que hace que sintamos un nudo en el estómago o que apretemos los dientes. Así que uno de los primeros versículos de la Biblia que les enseñé a mis hijos fue ese que me enseñó mi abuela. Mi anhelo es que nunca olviden que podemos acudir a nuestro

Dios con cualquier preocupación y que tendremos descanso en Él.

Nuestra lista de oración nunca carecerá de asuntos que nos preocupan, pero lo que les estoy proponiendo es que oremos de manera diferente.

- Podemos orar con la convicción de que nuestro Dios siempre nos escucha y eso trae gozo al corazón.
- Podemos orar dando gracias y recordando que el Señor no cambia y es fiel.
- Podemos orar y experimentar la paz de Dios incluso cuando la vida nos deja sin palabras.

Una nueva lista de oración

Tal vez ahora mismo estés anhelando algún tipo de descanso como los que mencionamos al principio. Quizá hoy amaneciste con tantas preocupaciones que no sabes cómo seguir adelante, el tipo de preocupaciones que nos provocan un cansancio que no se resuelve con un día en las montañas o frente al mar. Mi oración es que al haber leído este capítulo, te quede la certeza de que todo eso que anda dando vueltas en nuestra cabeza podemos llevarlo a Dios en oración y vivir en el descanso de Su paz. Él escucha. Él responde.

Veamos entonces algunas preguntas para reflexionar en lo leído.

Pregunta a alguien con quien tengas una relación estrecha y que comparta tu fe si al observarte cree que el gozo es una realidad en tu vida. Luego de la respuesta, ¿cómo puedes orar al respecto?

....

....

....

....

Cuando sientes que las preocupaciones te agobian, ¿cuál tiende a ser la primera solución a la que acudes?

....

....

....

....

¿Qué nueva perspectiva sobre la oración has ganado al leer este capítulo?

....

....

....

....

Al meditar en Filipenses 4:6-7 y pensando en tu vida ahora mismo, ¿cómo podrías orar? Escribe tu oración.

....

....

....

....

Más allá de mi
LISTA DE ORACIÓN

- Señor: Ayúdanos a conocer tu voluntad para vivir vidas que te agraden y rindan fruto para ti (Colosenses 1:9-11)

- Señor: Ayúdanos a cumplir con la misión de proclamar a Cristo, cueste lo que cueste (Romanos 15:13)

- Señor: Queremos ser un pueblo intercesor, que en lugar de correr desesperados en cualquier dirección cuando la vida duela y no sepamos qué hacer, corramos al trono de la gracia (1 Tesalonicenses 1:11-12)

CAPÍTULO 7

Por esta razón, también nosotros, desde el día que lo supimos, no hemos cesado de orar por ustedes, pidiendo que sean llenos del conocimiento de Su voluntad en toda sabiduría y comprensión espiritual. para que anden como es digno del Señor, haciendo en todo, lo que le agrada, dando fruto en toda buena obra y creciendo en el conocimiento de Dios.

Rogamos que ustedes sean fortalecidos con todo poder según la potencia de Su gloria, para obtener toda perseverancia y paciencia, con gozo dando gracias al Padre que nos ha capacitado para compartir la herencia de los santos en la Luz. (Col. 1:9-12)

Cuando mi hijo era pequeño y visitábamos algún parque de diversiones, siempre le preocupaba si tenía la altura necesaria para montar en ciertos aparatos. Recuerdo una ocasión en particular, él estaba en cuarto grado, la escuela organizó una excursión a uno de esos parques. Mi hijo nos pidió permiso varias veces para revisar el sitio web del lugar y chequear si ya llegaba a la altura requerida. Pero no solo estaba preocupado por su altura, sino por uno de sus amigos que era bajito, y por eso quería asegurarse de que también pudiera subir a los aparatos. Los años pasan y he notado que es común entre los varones comparar sus alturas para ver quién es más alto o si ya alcanzaron al papá.

Pero este deseo de ser altos o de lucir más grandes no es solo una preocupación del sexo masculino. Recuerdo jugar con los tacones de mi mamá cuando era pequeña. Me ponía sus vestidos, sus collares y me imaginaba que era grande al mirarme al espejo. ¡Quería ser como ella!

Crecer es realmente un proceso natural de la vida. No se supone que nos quedemos con la misma estatura que cuando teníamos cinco años. Ni tampoco con la misma fisonomía de la cara, ¡aunque a veces quisiéramos permanecer iguales! Mucho menos con la misma mente. Crecer física, mental y emocionalmente es algo que debería ocurrir durante el proceso de desarrollo de cualquier persona.

En nuestro caminar con Dios también se espera que crezcamos y que maduremos. Se supone que, con el pasar del tiempo, dejaremos de ser niños en nuestra manera de pensar, como dijera Pablo (1 Cor. 14:20). Para ilustrar esta idea del crecimiento en lo que concierne a nuestro conocimiento de la verdad de Dios, la Biblia lo compara con un niño que, al crecer, deja de beber leche y pasa a alimentos sólidos (Heb. 5:12-14). El proceso de madurar en Cristo implica precisamente que conozcamos cada vez más quién es Dios y Su voluntad; es un crecimiento que se refleja en una vida que agrada a Dios y que rinde fruto. Esta es justamente la motivación del apóstol Pablo en la próxima oración que vamos a explorar y que se encuentra insertada en los párrafos de otra de sus cartas.

La carta a los colosenses

La carta señala al principio que fue escrita por Pablo y también por Timoteo, aunque lo más probable es que la labor de Timoteo fuera más como escribano. En la mayor parte del texto aparece Pablo hablando en primera persona. Los receptores de esta carta eran los hermanos de la iglesia que estaba en la ciudad de Colosas, una de las más importantes de Asia Menor en los tiempos del Nuevo Testamento. Sin embargo, el texto revela que Pablo pidió que también se compartiera esta carta con la iglesia de Laodicea, otra ciudad de la misma región (4:16). Pablo no fundó la iglesia de Colosas, sino que todo parece indicar que fue Epafras (Col. 1:7), un hombre poco conocido, pero al que Pablo estimaba mucho y quien llegó a ser posteriormente su compañero de prisión (Filem. 1:23).

Esta epístola mantiene las características de muchas otras cartas que Pablo escribió. Comienza con un saludo y continúa con una expresión de gratitud a Dios y una oración. Luego sigue el cuerpo de la carta y termina con la despedida.

Colosenses nos deja ver que Pablo quería confrontar la confusión que esta congregación enfrentaba producto de falsas enseñanzas, tanto judías como politeístas, que se propagaban por ese tiempo entre las iglesias. Estas falsas enseñanzas devaluaban a Cristo y socavaban la identidad que los creyentes tienen en Él. Por eso, Pablo buscó mostrar el error de dichas enseñanzas y animar a los creyentes a crecer y madurar en Cristo.

Pablo ora por cristianos desconocidos

Quisiera destacar que Pablo elevó la oración que exploraremos a favor de creyentes desconocidos, con quienes no tenía una relación personal, pero sí los unía el Señor Jesucristo. No solo les dice que ora por ellos, sino que lo hacía sin cesar (Col. 1:3, 9). Podemos descubrir la vigencia de lo que Pablo nos enseña con respecto a la oración aún más de dos milenios después de haber sido escrita. Por un lado, aprendemos que también debemos orar por aquellos hermanos en la fe a quienes no conocemos en persona, pero cuyas historias pueden llegar a nuestros oídos. Ahora las noticias corren en cuestión de segundos y es común leer sobre creyentes perseguidos, misioneros pasando dificultades en lugares hostiles, iglesias asediadas por enemigos de la fe cristiana y mucho más. ¡Oremos! Intercedamos por estos hermanos nuestros con el mismo fervor del apóstol Pablo. Nosotros no los conocemos, pero el Señor sí los conoce. Quizá nunca sepamos el resultado de esas oraciones, pero no pasan inadvertidas para Dios. De hecho, nuestras oraciones son como incienso para Él y están bien guardadas (Apoc. 5:8).

Pablo ora por conocimiento de la voluntad de Dios

El descubrimiento de la voluntad de Dios siempre ha sido una preocupación genuina de todo creyente verdadero. Sin embargo, muchos entienden el conocimiento de la voluntad de Dios como el resultado de descifrar un enigma o interpretar un acertijo complicado, como aquellos que solía encontrar el legendario Indiana Jones en sus películas. Recuerdo muchas conversaciones con mis amigos de la juventud en la iglesia sobre este tema. Sin embargo, cuando hablábamos de orar por la voluntad de Dios, lo que pasaba por nuestra mente tenía más que ver con nuestro futuro personal. Nos preguntábamos qué carrera profesional sería la mejor, con quién nos casaríamos, dónde trabajaríamos o si nos mudaríamos a otro lugar. Aunque no hay nada intrínsecamente malo en orar por esas decisiones y es sabio buscar la dirección de Dios, el problema está en el enfoque. Pensamos que la voluntad de Dios solo gira alrededor de nuestra vida y tiene que ver únicamente con nuestro mundo personal.

Por el contrario, y de manera amplia, la voluntad de Dios es «la razón definitiva y suprema de todo lo que sucede».[1] Hay un aspecto de la voluntad de Dios al que nunca tendremos acceso y por eso se lo conoce con el nombre de «voluntad secreta», porque encierra todo aquello que Dios ha planeado y que ocurrirá de forma soberana en el universo entero. Esos detalles secretos no los conocemos, excepto algunos pequeñísimos chispazos revelados en las profecías, pero aun así permanecen muchas incógnitas. Sin embargo, hay otro aspecto de la voluntad de Dios que sí podemos conocer y que los teólogos denominan la voluntad revelada de Dios. Sobre esto escribió Moisés, inspirado por Dios:

> Las cosas secretas pertenecen al SEÑOR nuestro Dios, pero las cosas reveladas nos pertenecen a nosotros... (Deut. 29:29)

Esa voluntad revelada la tenemos a nuestro alcance en Su Palabra. También se la conoce como «voluntad de precepto», porque incluye instrucciones y mandatos a través de los cuales Dios nos muestra lo que quiere que hagamos y cómo espera que andemos.

Entonces, más allá de orar por develar un acertijo, orar por el conocimiento de la voluntad de Dios es orar por vivir en obediencia. Las palabras de David son muy claras:

Enséñame a hacer Tu voluntad,
Porque Tú eres mi Dios;
Tu buen Espíritu me guíe a tierra firme.
(Sal. 143:10)

El anhelo no descansa simplemente en conocer la voluntad de Dios, sino en pedir que tengamos una vida alineada en obediencia con todo lo que traiga dicha voluntad. Por otra parte, la Escritura nos indica específicamente y con frecuencia cuál es la voluntad de Dios para Sus hijos. Tal es el caso de dos pasajes que leemos en 1 Tesalonicenses:

> Porque esta es la voluntad de Dios: su santificación; es decir, que se abstengan de inmoralidad sexual. (1 Tes. 4:3)

> Den gracias en todo, porque esta es la voluntad de Dios para ustedes en Cristo Jesús. (1 Tes. 5:18)

Orar por hacer la voluntad de Dios es pedir que nuestros corazones estén dispuestos a obedecer primeramente lo que ya Él nos ha revelado con claridad en Su Palabra. Cuando la voluntad de Dios está revelada en la Palabra, a los cristianos solo nos corresponde someternos y no es necesario ir por la vida tratando de reconfirmar lo que Dios ya ha dicho en eventos o momentos extraordinarios.

Para los creyentes, la voluntad de Dios está en Su Palabra.

Entonces, ¿qué quería decir Pablo al elevar a Dios esta petición: «que sean llenos del conocimiento de Su voluntad en toda sabiduría y comprensión espiritual» (Col. 1:9)? Los recipientes de esta carta eran creyentes que ya estaban creciendo y estaban dando fruto como resultado de la obra del evangelio en sus vidas. Pablo oraba para que el crecimiento continuara y para ello era necesario que creciera su conocimiento de Dios. La palabra «espiritual» en este contexto implica un conocimiento dado por el Espíritu Santo. Pablo ora por la clase de conocimiento verdadero que genera sabiduría, produce comprensión para navegar por la vida y andar seguros en la voluntad del Señor.

Las falsas enseñanzas que mencionamos un poco antes buscaban apartar a los creyentes de Colosas de la voluntad de Dios. De hecho, Pablo continúa hablando claramente al respecto y les advierte que no se dejen engañar por ideas persuasivas (Col. 2:4) ni por filosofías huecas (2:8). Estos mal llamados maestros estaban tratando de infiltrarse en la iglesia de Colosas a través del ofrecimiento de una sabiduría falsa, un conocimiento intelectual que, como dijimos antes, colocaba a Cristo en un segundo plano. La oración de Pablo y la nuestra debe ser por un conocimiento diferente, aquel revelado en las Escrituras y que solo puede venir de Dios mismo por medio del Espíritu Santo. Se trata de una comprensión espiritual que nos da el discernimiento necesario para enfrentar todas las mentiras propagadas por el mundo que pretenden atraparnos y rechazar a Cristo, «en quien tenemos redención: el perdón de los pecados. Él es la imagen del Dios invisible, el primogénito de toda creación» (Col. 1:14-15).

Esta petición era urgente en el primer siglo de la iglesia y hoy lo es todavía más porque nuestra exposición a falsedad y engaño está tan cerca como un clic en el teléfono celular. Ya no es necesario esperar a una reunión del domingo o cualquier otro día para escuchar enseñanzas falsas y destructivas. Las tenemos al alcance de la mano y, de hecho, nos llegan sin buscarlas, mientras deslizamos el dedo por Instagram o Facebook. Entonces, ¿dónde encontraremos ese conocimiento verdadero y poderoso que nos librará de enseñanzas falsas y destructivas? En la verdad revelada, en las Escrituras inspiradas y preservadas por Dios mismo.

Nuestras iglesias, tristemente, están llenas de creyentes que no conocen la Palabra de Dios. Hace un tiempo realicé una encuesta entre la comunidad que sigue mis redes sociales. La mayoría de las personas que participaron se identifican como cristianas. La pregunta era una sola: ¿Alguna vez has leído toda la Biblia? Más de la mitad de los encuestados, el 56% en Facebook y el 64% en Instagram, dijo no haber leído nunca la Biblia completa. No es de extrañar que el conocimiento de Dios en nuestras iglesias sea superficial, y me atrevo a decir que hasta es erróneo en muchos casos. Cuando el conocimiento de Dios no está fundamentado en las Escrituras, terminamos con una idea sumamente débil y desvirtuada sobre quién es Dios, lo que ha dicho y cuál es Su voluntad. Si este es tu caso, entonces te invito a que en este mismo momento le pidas al Señor hambre por Su Palabra y que te ayude a organizar tu agenda para que puedas pasar tiempo de calidad con la Palabra de Dios, meditando en ella y disponiéndote a obedecerla. Siempre he dicho que esta es una oración que sin dudas Dios responde con un «sí» porque Él quiere que lo conozcamos y que conozcamos Su Palabra.

> Meditaré en Tus preceptos,
> Y consideraré Tus caminos.
> Me deleitaré en Tus estatutos,
> Y no olvidaré Tu palabra.
> (Sal. 119:15-16)

También tenemos muchas congregaciones donde la Escritura no es el «plato fuerte» en los servicios. Hay otras en las que el acercamiento a la Palabra de Dios es estilo «buffet»; solo se consumen ciertos libros o pasajes de acuerdo con el gusto particular de los participantes. A esto se suma que se ha vuelto habitual la ingestión de «comida rápida» en sentido espiritual. ¿A qué me refiero? El sermón dominical es bastante pobre en exposición de la Palabra de Dios y además, durante la semana, los creyentes limitan la lectura de la Biblia al «versículo del día». El resultado lógico es una enorme malnutrición bíblica que se manifiesta en la incapacidad de poder diferenciar la verdad del error y una fe emocional o anclada en experiencias personales más que en la revelación eterna de Dios.

Todo esto nos hace ver la importancia y relevancia de esta oración de Pablo. Los creyentes debemos orar para que estemos llenos del conocimiento de la voluntad de Dios, es decir, de Su Palabra revelada. Orar para que ese conocimiento de la voluntad revelada de Dios produzca sabiduría espiritual para vivir vidas obedientes que honren y agraden a Dios. Esto es justamente lo que sigue en la oración de Pablo.

El resultado de ese conocimiento

La oración de Pablo no solo se queda en el deseo de que sean llenos del conocimiento de Dios, sino que la aplicación de ese conocimiento produzca un resultado palpable en sus vidas. Eso es lo que expresa cuando dice: «para que anden como es digno del Señor» (Col. 1:10a).

El uso de la palabra «andar» en la Biblia implica la manera de vivir. Dicho en pocas palabras, Pablo oraba para que los creyentes de Colosas, al tener ese conocimiento o sabiduría espiritual, vivieran una vida que agrade a Dios y produzca fruto.

Un conocimiento verdadero de quién es Dios y de Su voluntad —extraído de la Palabra de Dios— transformará nuestras vidas y esa transformación incluirá el deseo de vivir de una manera digna de Él. Esto significa que vivamos de manera que Su nombre siempre sea puesto en alto y Su santidad sea reverenciada. Nuestra fe salvadora en Cristo nos justifica delante de Dios desde el primer día en que creemos, pero la santificación es un proceso mediante el cual nuestras vidas se van asemejando cada día más a la de Jesucristo. Caminar de una manera que le agrade y lo honre no es algo que buscamos para que Dios nos acepte, sino que es el resultado de nuestra gratitud porque ya lo hizo en Cristo, y ahora nuestra vida le pertenece y estamos llamados a vivirla de manera que sea digna de Él en cada aspecto de nuestra existencia. Pablo les hace un llamado a los efesios con el mismo sentir:

Yo, pues, prisionero del Señor, les ruego que ustedes vivan de una manera digna de la vocación con que han sido llamados. (Ef. 4:1)

Hemos sido llamados a imitar, caminar y vivir como Cristo. El estándar es alto, no hay duda, y no podremos hacerlo con nuestras propias fuerzas, sino porque ahora Él vive en nosotros por medio de Su Espíritu.

¿Cómo luce una vida que tiene un caminar digno del Señor? Pablo continúa en su oración y detalla algunas características muy específicas de alguien que camina de esa manera.

Hace lo que agrada a Dios

Se trata de un creyente que busca complacer a Dios siempre: «haciendo en todo, lo que le agrada» (Col. 1:10b). Una de las preguntas que se deriva de esta afirmación y que debemos responder con mucha sinceridad es a quién realmente buscamos agradar en nuestra vida. Aunque no lo admitamos por completo, todos actuamos para agradar a alguien, ya sea a nosotros mismos, a otras personas o a Dios. Esta tendencia tan humana me hace recordar la historia de Saúl, porque su reinado estuvo plagado de malas decisiones y una de ellas fue buscar agradar a otros y no al Señor. En uno de esos episodios, Samuel le da instrucciones claras a Saúl de parte de Dios:

> Así dice el Señor de los ejércitos: «Yo castigaré a Amalec por lo que hizo a Israel, cuando se puso contra él en el camino mientras subía de Egipto. Ve ahora, y ataca a Amalec, y destruye por completo todo lo que tiene, y no te apiades de él; antes bien, da muerte tanto a hombres como a mujeres, a niños como a niños de pecho, a bueyes como a ovejas, a camellos como a asnos». (1 Sam. 15:2-3)

Lamentablemente, Saúl decidió que obedecería estas instrucciones a medias. Dejó con vida al rey y también tomó de lo mejor que encontró en Amalec y se lo llevó consigo. Dios le comunicó a Samuel la desobediencia de Saúl y que ya no sería más el rey de Israel. Samuel fue al encuentro de Saúl y cuestionó su proceder, pero el rey trató de justificar su conducta, aunque posteriormente admitió su desobediencia y también reveló la razón detrás de su decisión:

> Entonces Saúl dijo a Samuel: «He pecado. En verdad he quebrantado el mandamiento del Señor y tus palabras,

porque temí al pueblo y escuché su voz». (1 Sam. 15:24, énfasis de la autora)

Saúl ejemplifica lo que la Biblia llama «el temor al hombre». Se define como tener en mayor estima la opinión de las personas por sobre lo que Dios ha dicho. Es anhelar la aprobación humana por encima de todo lo demás. Es vivir para agradar a otros, incluso cuando ello implique deshonrar a Dios. No es de extrañar que en Proverbios leamos que «el temor al hombre es un lazo» (Prov. 29:25a). Vivimos en una prisión cuando buscamos vivir agradando a seres humanos.

Jesús habló con claridad sobre este temor que nos obliga a vivir para agradar a otros y advirtió que solo debemos temer a Dios porque solo Él tiene el poder absoluto y final sobre nuestras vidas (Luc. 12:4-5). El mismo Pablo escribe a los gálatas y dice:

> Porque ¿busco ahora el favor de los hombres o el de Dios? ¿O me esfuerzo por agradar a los hombres? Si yo todavía estuviera tratando de agradar a los hombres, no sería siervo de Cristo. (Gál. 1:10)

Es evidente que no podemos vivir para agradar a ambos; o buscamos agradar a Dios y así servimos a Cristo o buscamos la aprobación de los hombres. Si sucede esto último, entonces sin duda nuestro corazón se ha ido tras el dios equivocado.

Esa es la razón por la que Pablo ora para que el conocimiento de Dios sea tal en la vida de los colosenses que puedan vivir de una manera digna de Él y no quede duda de a quién van a servir y agradar ¡en todo! Eso quiere decir que ningún aspecto o área de nuestra vida queda fuera de esta premisa. Nosotros debemos buscar agradar a Dios en nuestras relaciones con otros, nuestras conversaciones, nuestros pensamientos, lo que hacemos dentro y fuera de casa, la forma en que trabajamos y administramos los bienes que Él pone en nuestras manos. De hecho, más adelante en esta misma carta a los colosenses, Pablo aborda el tema y dice lo siguiente:

> Todo lo que hagan, háganlo de corazón, como para el Señor y no para los hombres. (Col. 3:23)

¡Necesitamos hacer nuestra esta oración de Pablo por los colosenses! El motivo es claro: nuestra carne es débil y quiere hacer, por defecto, lo que le agrada y no lo que es digno del Señor. Oremos cada día para que nuestro corazón no tenga el deseo de servir a ojos humanos ni buscar la afirmación de las personas, sino de agradar y honrar a Dios.

Vidas que rindan fruto

Además de buscar agradar a Dios en todo, una vida digna del Señor tiene resultados:

> ... dando fruto en toda buena... (Col. 1:10c)

Pablo ora para que el resultado del conocimiento de Dios en los colosenses sea una sabiduría espiritual que produzca transformación y fruto en las obras que realicen. De modo que existe una relación directa entre el conocimiento y el fruto.

> Un creyente da fruto
> en la misma proporción de su
> conocimiento de Dios.

Santiago lo dice así en su carta: «Pero la sabiduría de lo alto es primeramente pura, después pacífica, amable, condescendiente, llena de misericordia y de *buenos frutos*» (Sant. 3:17, énfasis de la autora). En el primer salmo, leemos que el creyente que está lleno de la Palabra de Dios y medita continuamente en ella será «como árbol plantado junto a corrientes de agua, que da su *fruto a su tiempo*» (Sal. 1:3, énfasis de la autora).

Llevar fruto es un tema que encontramos por todas las Escrituras. De hecho, comienza en Génesis cuando Adán y Eva reciben de Dios el mandato de fructificar (Gén. 1:28). La misma orden se repite cuando Dios ordena a Noé salir del arca después del diluvio (Gén. 8:17). Esta metáfora de llevar fruto la encontramos en múltiples ocasiones en la Biblia porque era un tema muy familiar para los lectores. El lenguaje de siembra, cosecha y fruto era algo cotidiano y con lo que las personas se podían identificar en una economía agrícola. Jesús también usó estas referencias en varias ocasiones. ¿Cuál es entonces la idea detrás de una vida que lleve fruto y por qué orar por fructificación?

La palabra «fruto» en la Biblia tiene distintos significados cuando se vinculan con la vida del creyente. Uno de ellos es llevar a otros las buenas nuevas del evangelio para que así conozcan a Cristo (Rom. 1:13). Fruto es cuando nuestros labios alaban a Dios (Heb. 13:15). Hay fruto en nuestras vidas cuando contribuimos financieramente para la extensión del reino de Dios (Fil. 4:16-17). Llevar fruto es ocuparnos de las necesidades de otros (Tito 3:14). Fruto también es hacer buenas obras (Tito 3:14).

Sabemos que nuestra salvación no es por obras, sino que Pablo nos dice que es resultado de la fe en la obra de Cristo en la cruz (Ef. 2:8-9). Sin embargo, en ese mismo pasaje, el apóstol añade:

Porque somos hechura Suya, creados en Cristo Jesús para hacer buenas obras, las cuales Dios preparó de antemano para que anduviéramos en ellas. (Ef. 2:10)

Las buenas obras no nos salvan, no nos hacen más dignos de la salvación, pero sí muestran el resultado de la obra poderosa de Cristo en nuestra vida. Dios designó desde la eternidad que tendríamos un propósito, buenas obras, fruto para Su gloria:

«[Cristo] se dio a sí mismo por nosotros para redimirnos de toda iniquidad y purificar para sí un pueblo propio, celoso de buenas obras». (Tito 2:14, RVA-2015)

Jesús afirma en la parábola del sembrador que la semilla que cayó en tierra buena y fértil dio fruto abundante. Como sabía que ni siquiera los discípulos habían entendido bien el mensaje que quería transmitir, procedió a explicarles su significado:

... aquel en quien se sembró la semilla en tierra buena, este es el que oye la palabra y la entiende; este sí da fruto y produce, uno a ciento, otro a sesenta y otro a treinta por uno. (Mat. 13:23)

Todos los creyentes que vienen a Cristo tienen vidas fructíferas. Ahora bien, Jesús indica con claridad que la medida de ese fruto es diferente en cada creyente, así como son diferentes las obras que Dios diseñó para cada uno. No estamos llamados a hacerlo todo, pero sí debemos dar fruto conforme a nuestro llamado y en el lugar donde nos ha colocado. ¿Sabes? El tamaño del fruto no es lo más importante, sino que seamos obedientes y usemos lo que Dios nos ha dado para Su gloria y bendición del prójimo.

Recuerdo cuando comencé a escribir en mi blog hace ya muchos años. Para ser sincera, me costó mucho dar el primer paso. Abrí la cuenta en Blogger y pasó todo un año antes de que publicara el primer artículo. Era algo nuevo para mí y sabía muy poco del funcionamiento de ese mundo. Me preguntaba si valdría la pena todo el esfuerzo porque, con tanto contenido en las redes, ¿quién iba a leer mis palabras inexpertas en una página bastante rudimentaria de Blogger? Pero empecé a escribir porque entendí que el Señor me llamaba a hacerlo y no solo me había dado la inclinación natural por la escritura, sino que, aun sin darme cuenta, había provisto los medios para capacitarme desde que estaba en la universidad.

Él hizo posible que poco a poco las palabras escritas desde mi teclado comenzaran a llegar a personas y lugares que nunca hubiera podido imaginar ¡y hasta se convirtieron en libros! En aquellos primeros años, mi esposo me dijo algo que nunca olvidaré : «Si una sola persona lee el artículo y Dios lo usa para edificar su vida de alguna manera, ya cumpliste tu tarea». Tuve que recordarme ese mensaje muchas veces, porque lo importante no era los resultados ni la cantidad de seguidores o el número de vistas a la página, sino hacer con fidelidad la obra a la que el Señor me había llamado y dar fruto para Su gloria y no la mía.

Por eso Pablo ora por fructificación y por eso nosotros también debemos hacer nuestra su oración. Si tu vida y la mía no están produciendo fruto, necesitamos arrepentirnos y pedirle al Señor que reoriente nuestro corazón, que nos ayude a colocar nuestra mente en las metas del reino de Dios y no solo en las nuestras. Si nuestra vida no está dando fruto, quizá debamos preguntarnos qué estamos haciendo con los dones y talentos que el Señor nos ha dado y en qué estamos invirtiendo el tiempo o los recursos que ha puesto en nuestras manos. En lugar de orar porque se presenten ciertas oportunidades, quizá debamos comenzar a orar por ser fieles en la obra que tenemos delante y empezar a buscar dar fruto en esa tierra.

Continuar creciendo

Pablo pareciera regresar al principio al llegar a este punto de su oración:

... y creciendo en el conocimiento de Dios. (Col. 1:10d)

Él comenzó orando para que los receptores de su carta fueran llenos del conocimiento de la voluntad de Dios y ahora termina la idea diciendo que uno de sus resultados será que continúen creciendo en el conocimiento de Dios. Repito, el crecimiento es inherente a la vida cristiana; no se supone que nos quedemos estancados o que seamos como niños para siempre, sino que crezcamos y maduremos en Cristo y en el conocimiento de quién es Dios.

Conocer la voluntad de Dios revelada en Su Palabra producirá un conocimiento cada vez mayor del Dios que dio e inspiró la Palabra. Por lo tanto, caminar de una manera digna del Señor es ir creciendo en Él.

Ser fortalecidos

Ahora Pablo continúa orando para que los colosenses tengan la fuerza necesaria para vivir de una manera que sea digna del Señor:

> Rogamos que ustedes sean fortalecidos con todo poder
> según la potencia de Su gloria... (Col.1:11a)

El poder de Dios es inmensurable, eterno, grandioso y glorioso. Es muy probable que esa inmensidad inimaginable sea la idea de Pablo al usar la frase que se tradujo al español como *la potencia de Su gloria*. Un comentarista señala: «la fuerza que Dios provee a Su pueblo es de acuerdo con Su propia gloria intrínseca y es la expresión de esta»[2].

Necesitamos que sea el mismo Señor quien nos dé el poder para vivir la vida cristiana, porque es imposible vivirla con nuestras propias fuerzas. Pablo añade que se trata de un poder para «obtener toda perseverancia y paciencia» (Col. 1:11b). Perseverar es mantenerse constante y continuar haciendo lo mismo con el mismo esfuerzo intenso. Es fácil perseverar cuando todo marcha bien, cuando el viento va a favor de nuestra nave, pero hacerlo bajo circunstancias adversas, cuando la salud se quebranta, la economía se desmorona o nos persiguen a causa de nuestra fe, eso no puede enfrentarse con fuerzas humanas. Si queremos perseverar, requerimos de la fuerza que solo viene de Dios.

El autor de Hebreos habla bastante de la perseverancia. Los receptores de la carta conocían el sufrimiento de primera mano (Heb. 10:32-34) y se los exhorta a perseverar, a ser pacientes y así correr la carrera, es decir, vivir con pasión su vida en Cristo:

> Por tanto, puesto que tenemos en derredor nuestro tan gran nube de testigos, despojémonos también de todo peso y del pecado que tan fácilmente nos envuelve, y corramos con paciencia [o perseverancia] la carrera que tenemos por delante. (Heb. 12:1)

Perseverar no es fácil, porque va contra nuestra naturaleza que, por defecto, prefiere el camino cómodo. No es fácil porque, la gran mayoría de las veces, perseverar implica negarnos a nosotros mismos, renunciar a nuestros impulsos. Tampoco es fácil porque cuando de perseverar se trata, a menudo nos toca poner la otra mejilla o caminar esa milla extra en las relaciones interpersonales. Perseverar implica confiar en que Dios está obrando incluso cuando no lo podamos ver. Cuántas veces hemos querido tirar la toalla, ¿verdad? Pero el texto nos recuerda que no es un asunto de velocidad, sino de paciencia y de perseverancia. Y es para eso que necesitamos la fortaleza que viene de Dios.

Pero también necesitamos tal fortaleza para ser pacientes, porque la paciencia no es natural. Nuestro deseo inmediato es quererlo todo «aquí y ahora», no nos gusta esperar y nos resistimos. Un carácter paciente requiere del poder de Dios y por eso aparece en la lista de los componentes del fruto del Espíritu. Necesitamos paciencia para soportar las pruebas, esperar el cumplimiento de las promesas de Dios y aguardar la venida de Cristo que pondrá fin a este mundo roto y doloroso. Necesitamos paciencia incluso para que la obra transformadora y santificadora de Cristo se complete en nosotros.

Orar como Pablo para ser fortalecidos y obtener del Señor perseverancia y paciencia no es para satisfacer motivos egoístas ni hacer alarde de supuestos logros humanos, sino para vivir de una manera digna del Señor... con paciencia y perseverancia.

Dar gracias con gozo

Una vida digna del Señor es también una vida que refleja gozo y gratitud, no porque experimenta circunstancias maravillosas y carece de dificultades, sino porque ha recibido el regalo inmerecido de la salvación en Cristo: «con gozo dando gracias al Padre que nos ha capacitado para compartir la herencia de los santos en la Luz» (Col. 1:11-12). Esa es nuestra mayor necesidad y Dios mismo proveyó un medio para suplirla. Pablo ora para que los colosenses vivan gozosos y agradecidos porque, tal y como les escribe más adelante:

...[Cristo] nos libró del dominio de las tinieblas y nos trasladó al reino de Su Hijo amado, en quien tenemos redención: el perdón de los pecados. (Col. 1:13-14)

A menudo olvidamos nuestra salvación gloriosa y todo lo que el Señor ha hecho por nosotros y nuestras vidas, y nuestras oraciones parecen más bien un continuo martilleo de quejas. Se nos olvida que no merecemos nada, excepto la condenación eterna. Todo lo que hemos recibido es por gracia divina. Es fácil olvidar nuestra realidad en Cristo y dejar que las circunstancias adversas se conviertan en ladrones de gozo y nos quiten la mirada de las verdades del evangelio. Solemos olvidar que todo lo que sucede debajo del sol es temporal, efímero; es correr tras el viento, como dice Eclesiastés (Ecl. 1:14). Nada de lo que estemos viviendo o tengamos en este mundo trascenderá a la eternidad, porque todo será hecho nuevo. Pablo nos invita a orar para que el gozo y la gratitud hacia Dios sean una constante que marque nuestros días y llevemos así una vida digna del Señor.

No sé tú, pero yo sé que necesito orar de esta manera, orar para que el gozo que solo viene de Dios inunde mi mente, mi corazón y también mi conversación; elevar al Señor cada día palabras de gratitud que vayan más allá de una oración rápida antes de comer. Gratitud independiente de las circunstancias, gratitud por lo que no desaparece: nuestra herencia en Cristo.

Una nueva lista de oración

Pablo oraba para que las vidas de los creyentes en Colosas fueran dignas del Señor, pero sabía que eso solo sería posible si estaban cada vez más llenos del conocimiento de la voluntad de Dios. Él oraba con la certeza de que ese conocimiento se traduciría en vidas que agradan a Dios en todo, llevan fruto, siguen creciendo en el conocimiento de Dios, son fortalecidas con Su poder para tener paciencia y perseverancia y, al mismo tiempo, vivir con gozo y gratitud por la obra de salvación que Cristo hizo a su favor. ¡Yo quiero eso para mi propia vida! Pero el deseo no basta; es necesario dar el paso, orar con el mismo sentir del apóstol, ir más allá de lo que hasta hoy ha llenado mi lista de oración y orar por todo aquello que pone nuestros ojos en Cristo. La invitación está hecha. ¿Te sumas?

Consideremos entonces algunas preguntas para reflexionar en lo aprendido y aplicarlo a nivel personal.

Al leer este capítulo sobre la oración de Pablo en Colosenses, ¿qué ha cambiado en tu perspectiva sobre la oración?

....

....

....

....

....

....
....
....
....
....
....
....

¿Con cuál o cuáles de estas peticiones de Pablo
te identificas más? ¿Por qué?

....
....
....
....
....
....
....
....
....
....

Relee el pasaje de Colosenses 1:9-12 y escribe tu
propia oración partiendo de esa oración.

....
....
....
....
....
....
....
....
....

Más allá de mi
LISTA DE ORACIÓN

☐ Señor: Ayúdanos a conocer tu voluntad para vivir vidas que te agraden y rindan fruto para ti (Colosenses 1:9-11)

☐ Señor: Ayúdanos a cumplir con la misión de proclamar a Cristo, cueste lo que cueste (Romanos 15:13)

☐ Señor: Queremos ser un pueblo intercesor, que en lugar de correr desesperados en cualquier dirección cuando la vida duela y no sepamos qué hacer, corramos al trono de la gracia (1 Tesalonicenses 1:11-12)

Oren también por mí, para que me sea dada palabra al abrir mi boca, a fin de dar a conocer sin temor el misterio del evangelio, por el cual soy embajador en cadenas; que al proclamarlo hable sin temor, como debo hablar. (Ef. 6:19-20)

Hace unas semanas participé como conferencista en un evento. Me habían asignado enseñar sobre soportar el costo del evangelio. Como parte del programa, esa mañana proyectaron un documental sobre los cristianos en una región de México. Es un lugar difícil porque llevar el nombre de Cristo ha tenido un precio alto para muchos. Conocimos la historia de familias que perdieron sus casas porque los oponentes al evangelio las incendiaron mientras algunos aún permanecían dentro. A otros los golpearon, amenazaron y hasta les robaron todo. En ese contexto, se presentó la historia de un pastor que ha puesto en riesgo su vida en incontables ocasiones producto de su compromiso infatigable de permanecer en el lugar y seguir predicando el evangelio. La persecución le hizo estudiar leyes para defender a los cristianos y buscar su protección, de modo que ahora ejerce doble función de pastor y abogado.

El video llegó al final y yo me preguntaba cómo subiría a la plataforma a hablar sobre el costo del evangelio. Aunque he pasado por algunos momentos desafiantes por causa de mi fe, nunca he vivido nada que se compare con las historias de los creyentes de ese lugar. Era paradójico que yo estuviera esa mañana en un salón con aire acondicionado, cómoda, luego de un excelente desayuno y con toda libertad para hablar de Cristo. ¡Sentía que no tenía nada que decir! Las imágenes lo habían dicho todo con respecto a soportar el costo del evangelio.

Los creyentes de esa región de México han decidido quedarse en sus localidades a pesar del acoso y la persecución porque saben que quienes los rodean también necesitan conocer a Cristo. Ellos oran constantemente para que el evangelio alcance a otros y sus vidas sean transformadas para la eternidad.

Pablo también oraba así. Él clamaba por la salvación de otros, pero además le pedía al Señor que las puertas se abrieran para ir a predicar y que le diera fuerzas y valentía para seguir adelante llevando el evangelio. Exploraremos esas oraciones en este capítulo, usando como base el pedido de oración de Pablo a sus discípulos de Éfeso que aparece al comienzo de este capítulo. Ya hemos hablado de los aspectos generales de la carta en otro capítulo de este libro. Si deseas recordarlos, puedes ir a la página 35.

El apoyo en oración de otros creyentes

He notado que, con el paso del tiempo, se ha hecho más común que las personas piensen que compartir sus problemas con otros es convertirse en una carga para ellos. Otros lo ven como una señal de debilidad o dependencia, puesto que la independencia es vista casi como un ídolo social. Es decir, a los ojos de muchos, no necesitar de nadie para nada es un símbolo de fortaleza y una autonomía codiciada. Ya que esta forma de pensar es tan prevalente en la cultura contemporánea, no resulta extraño que de una manera u otra los creyentes se vean influenciados y alberguen conceptos similares. Sin embargo, nada más lejos del modelo bíblico y de la manera en que Dios espera que los miembros de Su iglesia vivan y se relacionen entre ellos.

No solo en la carta a los cristianos de Éfeso, sino en muchas otras cartas, el apóstol Pablo no duda en recabar el apoyo en oración de sus hermanos en la fe: «Oren también por mí» (Ef. 6:19). Pero, ¡estamos hablando de Pablo! El hombre que soportó no una, ni dos, sino cinco sesiones de latigazos por parte de los líderes religiosos, quien llevaba en sus espaldas las cicatrices que demostraban su fidelidad al Señor. Este es el Pablo que fue golpeado con vara en tres oportunidades y también fue apedreado y hasta tomado por muerto. El mismo que vivió tres naufragios y estuvo encarcelado en múltiples ocasiones. Uno que sabía por experiencia propia lo que implicaba tener necesidades de todo tipo. Al mismo tiempo, el que pide el apoyo en oración es el que fuera discípulo de Gamaliel, un prominente especialista en la ley. Además de ser judío de nacimiento, era también un ciudadano romano que gozaba de todos los beneficios que eso implicaba en su tiempo, y es probablemente el misionero con más kilómetros recorridos en su época, el autor de la tercera parte de lo que ahora conforma nuestro Nuevo Testamento. Estamos hablando del apóstol que llegó a decir: «Todo lo puedo en Cristo que me fortalece» (Fil. 4:13). Con semejantes antecedentes, uno pudiera pensar que Pablo es la suficiencia personificada, ¡para qué buscar apoyo de nadie con todo ese historial! Sin embargo, aquí tenemos a este hombre, un gigante de la fe, pidiendo de su propio puño y letra que oraran por él.

> Aquí tenemos a este hombre, un
> gigante de la fe, pidiendo de su
> propio puño y letra
> que oraran por él.

No recuerdo cuándo ni dónde, pero alguien dijo que muchos conocerían la realidad de nuestro corazón si nuestras oraciones pudieran ser escuchadas; es decir, se pondría al descubierto el carácter detrás de las palabras elevadas al Señor. Eso es justamente lo que estamos conociendo del apóstol Pablo a través de su petición. El gigante de la fe, el teólogo por excelencia, el misionero consagrado, era un hombre que se reconocía pecador y era consciente de sus debilidades, limitaciones y su necesidad de apoyo. Era un hombre humilde que se mostraba vulnerable y pedía con absoluta sinceridad que oraran por él.

Nos hemos creído la mentira de que podemos navegar solos y que no necesitamos de otros creyentes. Hemos llegado a sostener que, si tenemos cierta madurez espiritual, entonces ni siquiera requeriremos pedir a otros apoyo en oración. La verdad es que eso no tiene nada de madurez, sino que es una muestra de orgullo. Es producto de la falsa idea de independencia y autosuficiencia que revela la naturaleza heredada de la caída del Edén, pues fue allí donde por primera vez la criatura le dijo al Creador: «Quiero ser independiente». El resto ya es historia.

Pablo nos entrega una enseñanza clave que luego repite en otra de sus cartas: estamos llamados a llevar los unos las cargas de los otros (Gál. 6:2) y, entre otras cosas, llevar las cargas de otros implica orar por ellos. Pedir que oraran por él no era abrumarlos con sus necesidades o peticiones, sino compartir la carga, sufrir juntos, apoyarse e incluso regocijarse juntos cuando fuera la ocasión.

Pablo nos entrega una enseñanza clave que luego repite en otra de sus cartas: estamos llamados a llevar los unos las cargas de los otros.

El cristiano no fue llamado a vivir como llanero solitario, sino como parte de una comunidad, una familia que lo acompañará por la eternidad. Esta realidad comunitaria me hace preguntar: ¿cómo no expresar nuestras necesidades y pedir que nos sostengan en oración? Buscar apoyo en oración es más que pedir que oren cuando estoy enfermo o necesito un trabajo. No hay problema con esas peticiones, claro está, pero me refiero a que debemos ir más allá de la superficie y tener compañeros de oración a quienes confesemos nuestras luchas, los pecados con los que batallamos, los anhelos y desánimos y también los momentos de debilidad ante la tentación. Pedir que oren por nosotros es también reconocer que somos una obra en construcción, que el Señor nos está santificando y el proceso a veces es arduo o doloroso, y necesitamos que otros intercedan por nosotros ante el trono de la gracia.

Mi oración por nosotros es que el Señor mueva nuestros corazones para ser vulnerables y humildes como el apóstol, que en lugar de dibujar una sonrisa falsa cuando nos pregunten cómo estamos, podamos abrir el corazón y decir con absoluta sinceridad: «Necesito que ores por mí». A veces es tan sencillo como enviar un mensaje de texto o hacer una llamada telefónica. En otras ocasiones, podría ser necesario un encuentro personal con ese hermano en la fe que se ha convertido en tu compañero de oración. Sea cual sea el método, no lo ignoremos ni lo dejemos pasar. No dejemos que el orgullo nos ciegue o el temor al qué dirán nos deje sumidos en una soledad asfixiante, infructuosa y desgarradora.

¡Busquemos el apoyo
de otros en oración!

Cuando testificar nos asusta

Era mi primer día en la clase de filosofía marxista-leninista, una asignatura obligatoria para todos los estudiantes universitarios en Cuba. ¡Cómo olvidarlo! Todavía puedo recordar claramente el aula iluminada por la luz que entraba por el ventanal del lado izquierdo. El grupo de estudiantes conversaba animadamente mientras esperábamos la llegada del profesor, quien entró al aula luego de que sonara el timbre. Todos ocupamos nuestros lugares. Se presentó, pasó la lista y luego hizo una pregunta que dejó a todos perplejos: «¿Quiénes son los cristianos en este grupo? Pónganse de pie». Éramos solo tres y, por cosas que solo Dios hace en Su sentido del humor, ese día nos habíamos sentado en la misma fila, uno detrás del otro. Nos levantamos. El silencio en el aula era tal que casi podía escucharse la respiración de cada uno. El profesor nos miró fijamente y, con una actitud prepotente, nos dijo: «Muy bien, pueden sentarse. Yo solo quería saber». Nadie dijo nada más hasta terminar la clase. Esto era inesperado para la mayoría de mis compañeros; nunca habían presenciado nada igual. Sin embargo, no fue sorpresa para los cristianos. Era una táctica de intimidación común en el sistema. Ser cristianos era nuestro único delito que nos condenaba a sufrir aquel trato.

Solemos creer que proclamar el evangelio vendrá con fanfarria y aclamación general, pero la Escritura y la historia nos demuestran lo contrario. El sufrimiento y la persecución de los creyentes no es algo nuevo y no debería sorprendernos.

Fue así desde el comienzo cuando Jesús caminó por esta tierra y lo será hasta el final, cuando Él regrese.

Pablo experimentó todas esas circunstancias difíciles en carne propia, como ya lo hemos visto. Esas dificultades le hacían escribir con frecuencia a las iglesias y pedirles que oraran para que él pudiera «dar a conocer sin temor el misterio del evangelio» (Ef. 6:19). De hecho, en este versículo lo pide dos veces. Esto nos hace pensar que pudo tener temor en algún momento. No olvidemos nunca que no era súper Pablo; era tan humano como tú y como yo, igual de necesitado de Cristo y Su gracia. No obstante, cuando leemos sobre los eventos de su vida, uno pensaría que luego de todo lo que había vivido tal vez decidiría con justa razón guardar silencio, mudarse a un lugar lejano y tranquilo o retirarse y evitar más problemas. Sin embargo, Pablo estaba preso cuando escribió esta petición, aguardando sentencia y, probablemente, una condena cuya severidad desconocía en ese mismo momento. Llama la atención que no pidió que oraran para que pudiera estar más cómodo y que lo liberaran pronto. Su petición fue por valentía, que no tuviera temor para seguir predicando a Cristo, allí mismo en la prisión.

Este sentir abnegado y valiente caracterizó a la iglesia del primer siglo. Siempre me ha impactado la manera en que los cristianos de Jerusalén oraron cuando comenzaron a sufrir a causa del evangelio que predicaban. Así oraban: «Ahora, Señor, considera sus amenazas, y permite que Tus siervos hablen Tu palabra con toda confianza» (Hech. 4:29). Otra versión traduce la frase final como «danos a nosotros, tus siervos, mucho valor» (NTV). Ellos no oraron para que el Señor los librara del sufrimiento, ni de las amenazas o la persecución. Pidieron poder hablar con toda confianza y valentía la Palabra, el mensaje del evangelio. Estaban dispuestos a pagar el precio por amor al nombre de Cristo y, aunque estaban convencidos de que seguir a Cristo era sinónimo de persecución, eso no los hacía retroceder ni amilanarse ante la realidad que podrían enfrentar.

Lucas también nos cuenta más adelante que Pedro y los apóstoles fueron puestos en la cárcel, pero antes:

> ... los azotaron y les ordenaron que no hablaran más en el nombre de Jesús y los soltaron. Los apóstoles, pues, salieron de la presencia del Concilio, regocijándose de que hubieran sido considerados dignos de sufrir afrenta por Su Nombre. Y todos los días, en el templo y de casa en casa, no cesaban de enseñar y proclamar el evangelio de Jesús como el Cristo. (Hech. 5:40-42)

Después de algo así, uno pensaría que huirían a otro lugar, se esconderían y tendrían un miedo paralizante. Pero no vemos eso en ellos. Por el contrario, se regocijaron porque para ellos, sufrir por causa de Cristo era un honor del que no se consideraban dignos. ¡Siguieron predicando sin detenerse a pensar en las consecuencias! ¡Sin miedo!

La petición de oración de Pablo era que pudiera hablar de Cristo sin miedo, incluso cuando el precio fuera su propia vida o la prisión. De nuevo, es importante recalcar que la persecución y el sufrimiento estuvieron presentes en la iglesia desde el primer día, pero la perspectiva de los creyentes comenzó a cambiar con respecto a esto en algún momento de la historia moderna. De alguna manera, nos hemos acomodado y muchos han llegado a creer que la vida cristiana es fácil y parte del *statu quo* del mundo, por lo que la persecución es impensable en nuestro tiempo. Pero el cristianismo nunca ha sido ni será popular, si de verdad lo estamos viviendo.

No puede ser popular porque presenta una contracultura a la del mundo, porque defiende los valores del reino de Dios que no son los del reino de las tinieblas. La persecución o el ostracismo es un resultado esperado si realmente seguimos a Cristo. Por lo tanto, necesitamos orar primero por ser fieles al Señor y a Su evangelio. Cuando lo seamos, entonces seremos testigos de la reacción adversa del mundo y en ese momento oraremos por valentía, le pediremos al Señor que no haya temor en nosotros y que nos fortalezca para que sigamos proclamando la buena noticia, el evangelio, porque a pesar de su rechazo, este mundo lo necesita, ¡y mucho!

Tal vez no estemos ahora mismo enfrentando una persecución declarada, pero está claro que somos enemigos de la cultura cuando defendemos todo lo que a Dios le importa: la vida, el matrimonio entre un hombre y una mujer, la familia, la libertad de religión, la dignidad humana desde la concepción hasta la tumba y muchos valores más fundados en la Palabra de Dios que la sociedad contemporánea ha desechado o vulnerado por completo. Basta un simple comentario en las redes sociales para que se produzca una oleada de ataques y nos tilden, por ejemplo, de retrógradas, intolerantes y hasta homofóbicos. No son pocos los que han visto sus cuentas canceladas en las redes, sus nombres convertidos en motivo de burla y difamados. Te tengo una noticia: ¡se pondrá peor! A medida que el tiempo transcurra, llevar el nombre de «cristiano» será como la letra escarlata en la novela de Nathaniel Hawthorne o como el leproso en los tiempos bíblicos. ¡Por eso tenemos que orar así y pedir oración desde ya! Necesitamos que el Señor nos dé valor para no quedarnos callados y enfrentar la oposición con valentía espiritual que venga de Dios mismo.

Cuando nos toque hablar

Pablo pedía que oraran para que el Señor lo ayudara con su misión: «que me sea dada palabra al abrir mi boca» (Ef. 6:19a). ¿Acaso no parece paradójica la petición del apóstol? Piénsalo. Él era un hombre de muchas palabras. Todo lo que escribió lo atestigua. ¡Y eso que no tenemos todos sus escritos! Muchos quedaron extraviados en los rincones de la historia. Pero no hay duda de que Pablo no carecía de palabras. Sin embargo, Pablo pidió a sus hermanos que oraran para que el Señor le diera palabra. ¡Otra vez su carácter sale a relucir! Lo más probable es que Pablo se encontrara preso en Roma (ver cap. 2), y por eso proclamar el evangelio requería de valentía y palabras precisas. El corazón misionero de Pablo anhelaba que el mensaje del evangelio llegara a todo rincón posible, y sabía que para alcanzarlo era necesaria la oración de sus hermanos creyentes. Llevar este mensaje de salvación requería más que su propio conocimiento o capacidades.

En mi escritorio, tengo una tarjeta donde escribí una cita que extraje de un libro de John Piper, *Alégrense las naciones*. La nota dice: «Cuando la obra misionera avanza por la oración, exalta el poder de Dios. Cuando avanza por la gestión humana, exalta al hombre».[1] No soy misionera en el sentido más común con que usamos este término. Sin embargo, todos somos misioneros en el sentido más amplio. Todos tenemos la responsabilidad de cumplir con la Gran Comisión: hemos sido llamados a proclamar a Cristo, evangelizar y todos tenemos también la responsabilidad de hacer discípulos. Pero la tentación, especialmente para quienes desempeñamos algún rol ministerial, es usar nuestras propias fuerzas, apoyarnos en gestiones humanas o en estrategias, como apunta Piper, y no depender de la oración ni del poder del Espíritu Santo.

El apóstol aborda el tema con mucha claridad en otra de sus cartas:

> Estuve entre ustedes con debilidad y con temor y mucho temblor, y mi mensaje y mi predicación no fueron con palabras persuasivas de sabiduría, sino con demostración del Espíritu y de poder, para que la fe de ustedes no descanse en la sabiduría de los hombres, sino en el poder de Dios. (1 Cor. 2:3-5)

Si algo no hay en estas palabras es autoconfianza. La cultura griega exaltaba el esfuerzo humano. Estas palabras de Pablo eran lo opuesto de lo que ellos estaban acostumbrados a escuchar porque les dice algo completamente contracultural: «Soy débil, llegué a ustedes con temor, pero no me apoyé en mi conocimiento ni en mi propia sabiduría, no busqué fuerzas en mí mismo, ni en mi elocuencia. El poder de mi mensaje vino del Espíritu». No importa cuánto conozcamos de la Biblia ni cuántas veces hayamos hablado a otros sobre Cristo; cuando nos sintamos súper cómodos y sintamos que ya tenemos dominado el baile, por decirlo de alguna manera, ese momento nos indicará que hemos comenzado a hablar en nuestras propias fuerzas y que estamos dependiendo de nuestra habilidad para hacer la tarea y cumplir con la misión.

El apóstol Pedro provee una solución al dilema que acabo de presentar en su primera carta: «el que sirve, que lo haga por la fortaleza que Dios da, para que en todo Dios sea glorificado mediante Jesucristo» (1 Ped. 4:11). La exhortación es a depender de Dios y no de nosotros mismos. Vale la pena preguntarnos en qué nos apoyamos cuando estamos sirviendo al Señor en nuestros diferentes roles. Con el paso del tiempo y la acumulación de experiencia, tendemos a sentirnos más cómodos con nuestro conocimiento y podemos correr el riesgo de depender de esa práctica para tratar de cumplir con la misión. No es que sea malo tener conocimiento y experiencia, pero si eso es lo primero que nos sostiene o nos da confianza, entonces podríamos estar sirviendo en nuestra fortaleza y no en la Dios, dependiendo de fuerzas humanas peligrosas, porque el móvil suele ser el orgullo y la autosuficiencia, como dijimos más arriba. Es peligroso porque la gloria no será para Dios sino para nosotros mismos.

A veces me preguntan si todavía me pongo nerviosa al hablar en público luego de tantos años de ministerio. Por un lado, creo que sentirnos nerviosos no es necesariamente una señal de reconocimiento de nuestra incapacidad. Podría ser una señal, por ejemplo, de cuánto nos importa la opinión de los demás, el deseo de lucir bien y otros temores parecidos. Puedo decir con toda sinceridad que no me pone nerviosa hablar en público. Me pone nerviosa que sea yo quien hable y no el Señor a través de mí… ¡Eso sí me preocupa! Me preocupa presentar mis propias ideas en el sentido de no depender de la obra y guía a toda verdad del Espíritu Santo. Me preocupa que esté demasiado «enamorada» de mi manuscrito y no en total dependencia del Señor.

Pedro nos exhorta a que no hagamos nada en nuestras propias fuerzas y Pablo oraba para que el Señor le diera la palabra necesaria. Pablo reconoce que no basta con ser elocuente ni muy versado en religión (algo que era con creces) cuando se trata de compartir el evangelio, especialmente en situaciones difíciles. Necesitamos que el Señor nos dé palabra, que hable por medio nuestro, que nos entregue lo que necesitamos decir. ¡Lo mejor es que tenemos la promesa de que Él lo hará! Jesús lo prometió con absoluta claridad:

Cuando los lleven a las sinagogas y ante los gobernantes y las autoridades, no se preocupen de cómo o de qué hablarán en defensa propia, o qué van a decir; porque el Espíritu Santo en esa misma hora les enseñará lo que deben decir. (Luc. 12:11-12)

No nos hemos quedado a la deriva, tampoco necesitamos ser muy inteligentes o tener ciertos títulos. Pero sí podemos orar y pedir a otros que oren por nosotros para que el Señor nos dé valentía y nos entregue las palabras necesarias para hablar del evangelio de Cristo en cualquier circunstancia en la que nos encontremos y que nos ayude a cumplir bien con la misión.

Oremos por puertas abiertas

Es muy probable que conozcas un poco la historia de Jim Elliot y cuatro de sus amigos misioneros que murieron asesinados en la selva amazónica ecuatoriana a manos de la misma tribu a la que querían entregar el evangelio. Sus nombres figuran en la lista de mártires de la fe que se ha ido escribiendo a lo largo de la historia. Lo que tal vez no saben muchos es el tiempo que Jim había pasado orando para que Dios abriera una puerta y le permitiera llegar al pueblo huaorani o aucas, quienes eran famosos por su violencia y no habían sido alcanzados por la mejor de las noticias.

El anuncio de su muerte conmovió al mundo el 8 de enero de 1956. Pero Dios había abierto la puerta y el trabajo evangelizador continuaría. Los huaorani escucharon el evangelio de boca de la esposa de Jim, Elisabeth Elliot, y la luz de Cristo penetró las tinieblas de la jungla. Todo comenzó cuando un hombre oró para que Dios guiara sus pasos, abriera puertas y le permitiera cumplir con la misión.[2]

Otro hombre oró de manera similar muchos siglos antes. En una cárcel romana, Pablo escribió a la iglesia de Colosas:

> Oren al mismo tiempo también por nosotros, para que Dios nos abra una puerta para la palabra, a fin de dar a conocer el misterio de Cristo, por el cual también he sido encarcelado. (Col. 4:3)

Pablo no tomó en cuenta todas las limitaciones propias de estar encarcelado, sino que su oración lo eleva por encima de sus circunstancias y pide que Dios le concediera la oportunidad de seguir cumpliendo con la misión encomendada y no dejara de predicar el evangelio. ¿Cuántos vinieron a Cristo por el trabajo de Pablo en ese lugar? No lo sabemos, pero es evidente que hubo fruto, porque cuando Pablo les escribe a sus discípulos de Filipos, envía saludos de parte de «los de la casa de César» (Fil. 4:22). Es muy probable que la referencia sea a sirvientes, soldados e incluso esclavos que escucharon el mensaje y ahora eran creyentes. Una puerta abierta por el Señor en respuesta a su oración para difundir el evangelio.

Me pregunto cuántas veces oramos para que el Señor nos dé oportunidades para hablar de Cristo, más allá del lugar donde nos encontremos o las circunstancias. Sí, sé que oramos por los que no lo conocen, particularmente amigos y familiares. Pero ¿oramos para que las puertas se abran y podamos llevar el mensaje sin importar dónde o con quién estemos? ¿Oramos para que el Señor abra una puerta con vecinos, compañeros de trabajo, amigos incrédulos, padres de los amigos de nuestros hijos, la persona que vino a casa a hacer algún tipo de trabajo, el paciente de la cama de al lado en el hospital, el barbero o la estilista? Es posible que no los tengamos en cuenta porque estamos tan enfocados en nuestro micromundo individual que se nos olvida que fuimos salvados para ser parte de la misión de Dios, es decir, anunciar la salvación para los que —como nosotros antes de Cristo— están muertos en sus delitos y pecados.

Hace un par de años, leí la historia del hermano Andrés, quien falleció hace poco tiempo. Muchos lo conocen como «el contrabandista de Dios», que es también el título de su biografía. Él gastó su vida con una pasión de puertas abiertas al evangelio. Comenzó su ministerio haciendo entrar Biblias de forma clandestina a los países de Europa oriental en los tiempos de la llamada cortina de hierro. Luego lideró la organización que lleva ese nombre, Puertas Abiertas, para trabajar en países donde es difícil entrar con el evangelio y distribuir también literatura cristiana. Su último viaje misionero lo hizo cuando tenía noventa años. Su nombre es uno más en la galería de los héroes de la fe. Alguien que oró intensamente para que Dios abriera puertas y lo usara para cruzar por ellas con las buenas nuevas de Jesucristo.

Es muy probable que el Señor no nos lleve a una jungla amazónica, ni estemos en las cuatro paredes de una cárcel o entrando clandestinamente a un país peligroso —aunque no conocemos los planes del Señor para nuestras vidas—, pero igual hemos sido llamados a cumplir con la Gran Comisión. Predicar el evangelio no es el trabajo exclusivo de pastores y ni siquiera de evangelistas, sino que es la misión de todos los cristianos. Esta misión comienza con la oración porque, como dice John Piper: «El evangelio no será proclamado con poder a todas las naciones sin las oraciones perseverantes y llenas de fe de los creyentes».[3]

Una nueva lista de oración

Quizás una de las razones para leer este libro sea que anhelas que la oración sea una parte activa y vital en tu vida. ¡Ese es también mi anhelo! No puedo negar que he sido confrontada al leer cómo Pablo exhortaba a la iglesia a orar o pedía sus oraciones en favor de su labor. Estas peticiones me han hecho pensar en las muchas veces en que he realizado la obra en mis propias fuerzas y también en las tantas oportunidades que quizás dejé pasar sin compartir el evangelio. El apóstol oraba y suplicaba para que el reino continuara extendiéndose y que él cumpliera con su misión hasta el final. Para Pablo, había una sola manera de lograrlo: Dios es quien lo hace, da las fuerzas, prepara los corazones y abre puertas. Nosotros podemos unirnos a Él cuando oramos y luego actuamos. Tenemos un tiempo limitado debajo del sol para hacer nuestra parte de la tarea. No porque seamos imprescindibles, sino porque el Señor nos llama y queremos hacerlo para Su gloria, ¡cueste lo que cueste! Así que, la misión está clara. ¡Oremos para cumplirla sin temor!

> **Dios es quien lo hace,
> da las fuerzas,
> prepara los corazones
> y abre puertas.**

¿Qué ha sido lo más desafiante para ti al leer este capítulo?

....

....

....

....

....

....

....

....

¿De qué manera puede cambiar tu lista de oración a la luz de estos pasajes de las cartas de Pablo?

....

....

....

....

....

....

....

....

¿Hay algún paso de obediencia y valentía que debes dar para cumplir con la misión que Dios nos ha encomendado de llevar el evangelio a toda criatura?

....

....

....

....

....

....

....

....

Más allá de mi
LISTA DE ORACIÓN

- Señor: Ayúdanos a conocer tu voluntad para vivir vidas que te agraden y rindan fruto para ti (Colosenses 1:9-11)

- Señor: Ayúdanos a cumplir con la misión de proclamar a Cristo, cueste lo que cueste (Romanos 15:13)

- Señor: Queremos ser un pueblo intercesor, que en lugar de correr desesperados en cualquier dirección cuando la vida duela y no sepamos qué hacer, corramos al trono de la gracia (1 Tesalonicenses 1:11-12)

CAPÍTULO 9

Exhorto, pues, ante todo que se hagan plegarias, oraciones, peticiones y acciones de gracias por todos los hombres, por los reyes y por todos los que están en autoridad, para que podamos vivir una vida tranquila y sosegada con toda piedad y dignidad. Porque esto es bueno y agradable delante de Dios nuestro Salvador, el cual quiere que todos los hombres sean salvos y vengan al pleno conocimiento de la verdad. (1 Tim. 2:1-4)

Mientras escribo este capítulo, es temporada de elecciones en el país donde vivo. A pesar de que ese tiempo puede ser un poco tenso por las noticias y demás eventos propios de un tiempo electoral, para mí, a nivel personal, este tiempo siempre viene cargado de recuerdos de la primera vez que tuve la oportunidad de participar en el proceso como ciudadana de este país. Debo confesar que sentí una emoción muy grande, aun a pesar de la larga fila de personas que aguardaba para ejercer su derecho al voto un día otoñal de noviembre varios años atrás.

Tal vez al leer estas palabras te preguntes qué puede tener de emocionante hacer una larga fila para votar por el próximo candidato a la presidencia. Bueno, si naciste en un país donde eso siempre fue lo normal, entiendo tu reacción.

Sin embargo, no es mi caso. Yo nací en un país gobernado por un régimen totalitario donde las elecciones presidenciales son, por así decirlo, simbólicas, debido a que existe un solo partido. No hay opciones para escoger candidatos ni tampoco plataformas políticas con propuestas diferentes. A los ciudadanos realmente no les interesa el proceso porque saben que, de cualquier manera, el resultado será el mismo. Por eso, cuando tuve la oportunidad de participar en elecciones reales, no lo dudé ni por un instante. Marcar las casillas en aquella boleta era un símbolo de libertad y también la oportunidad de contribuir al futuro del país que nos acogió.

Ahora bien, ejercer el derecho al voto no es lo único que los creyentes podemos hacer con relación al país y la sociedad donde vivimos, incluso con respecto a nuestro mundo y a quienes nos rodean. La Escritura nos invita primeramente a orar e interceder, por lo que creo que es muy importante que exploremos lo que nos enseña y exhorta el apóstol Pablo en otra de sus cartas.

La primera carta a Timoteo

Esta carta pertenece al grupo de epístolas denominadas pastorales, las cuales incluyen las dos cartas escritas a Timoteo y la carta a Tito. Se les llama así porque están dirigidas a hombres que tenían responsabilidades pastorales encomendadas por Pablo en las iglesias de Éfeso y Creta.

El inicio de la carta nos presenta a Timoteo como el destinatario de la misma. Timoteo vivía en Listra, una ciudad de Asia Menor, en donde es posible que haya nacido. Su madre era judía, pero su padre era griego. Aunque no sabemos nada sobre su padre, sí aprendemos por Pablo mismo que fueron Eunice —la madre de Timoteo— y su abuela Loida quienes lo instruyeron en las Escrituras (2 Tim. 1:5).

Todo parece indicar que fue en Listra donde Timoteo escuchó el evangelio y se convirtió en discípulo de Cristo, tal vez durante el primer viaje misionero de Pablo. Este joven gozaba de buena reputación dentro de la comunidad de creyentes del lugar y cuando Pablo regresó a la ciudad y escuchó de su buen testimonio, lo invitó a unirse a su grupo ministerial (ver Hech. 16). Timoteo se convirtió en mucho más que un compañero de ministerio para el apóstol, quien llegó a considerarlo como su hijo en la fe (1 Cor. 4:17, Fil. 2:22). Juntos compartieron muchos viajes e incontables vicisitudes. Timoteo era para Pablo un ejemplo de fidelidad y compasión (Fil. 2:20-21). La Carta a los Hebreos nos permite conocer que Timoteo también estuvo preso en algún momento (Heb. 13:23). Pablo supuso que estaba llegando al final de su vida y por eso le pidió a Timoteo que fuera a verlo para lo que podría ser una última despedida (2 Tim. 4:6, 9-13).

Esta primera carta fue escrita aproximadamente en el año 62 d. C., pero no tenemos conocimiento del lugar exacto de su redacción. Las cartas pastorales comienzan con notas muy personales inmediatamente después del saludo, una característica que las diferencia de otras epístolas paulinas. El propósito de Pablo al escribir esta carta es tratar con Timoteo algunos asuntos relacionados con la influencia de falsos maestros en la iglesia de Éfeso, donde lo había dejado un tiempo antes (1 Tim. 1:3). La primera carta a Timoteo encierra un llamado a vivir el evangelio de una manera fiel, clara y tangible.

La oración no es el plan B

Cuando Pablo llega al punto de la carta donde ahora encontramos el capítulo 2, hace un llamado a perseverar en la oración y usa una palabra que no debemos perder de vista: «exhorto» (2:1). Hay algo muy interesante porque se trata de la misma palabra que en el capítulo anterior se tradujo como «ruego»: «Tal como te *rogué* al salir para Macedonia» (1:3, énfasis de la autora). El término griego es *parakaléo*, y tiene un significado muy amplio que puede implicar un llamado, exhortación, amonestación y también una invocación o súplica. Pablo lo usó en casi todas sus cartas de una manera u otra. En este caso, podemos percibir el sentido de urgencia por la forma en que escribe:

> Exhorto, pues, ante todo que se hagan plegarias, oraciones, peticiones y acciones de gracias... (1 Tim. 2:1)

En primer lugar, Pablo inicia esta sección de su carta, donde hablará sobre la vida de la iglesia, exhortando o llamando a la oración. Ese tipo de llamado nos indica que debemos prestar suma atención.

Observa que no les dice que se reúnan para hablar del asunto, ni tampoco les pide que elaboren estrategias o un plan para implementar un programa. Pablo enfatiza la urgencia de que, primero que nada, los creyentes se reúnan a orar. Me llama la atención que con mucha frecuencia vemos la oración como el plan B, luego de que el A no fuera efectivo. Solemos orar cuando la situación está fuera de control, porque se nos agotan los recursos, no tenemos alternativas, nos sentimos incapaces de hacer nada o porque estamos desesperados. Y sí, cualquiera de estos escenarios califica para caer de rodillas y clamar sin cesar, pero... ¿por qué esperar a ese punto para hacerlo? Es lamentable que, por defecto, muchos creyentes corran primero a Google y después a la oración, que resulte más «natural» llamar a alguien antes que «llamar» al Señor.

> Es lamentable que resulte más «natural» llamar a alguien antes que «llamar» al Señor.

La Escritura nos muestra una y otra vez que la oración es el plan A y no el plan B para el creyente. La oración manifiesta el reconocimiento total de nuestra dependencia de Dios, nuestra incapacidad, nuestra falta de sabiduría, nuestra limitación humana, nuestra carencia, nuestro temor y la necesidad que tenemos de que Dios actúe en nuestras vidas. Cuando oramos, estamos representando nuestra total rendición y reconocimiento de que no somos Dios. De ahí que Pablo en su carta presente esta exhortación cargada de urgencia. Como si percibiera que no bastaba con decir: *¡Oren!*, el apóstol misionero escribe de forma muy específica:

> ... que se hagan plegarias, oraciones, peticiones y acciones de gracias... (2:1)

Cuando lo leo, me pregunto por qué quiso repetir palabras que suelen ser sinónimas. ¿Sería solo por motivos literarios? No puedo aseverarlo, pero no me imagino a Pablo tratando de adornar sus cartas con lenguaje innecesario. Sí me parece que la intención va más allá de la simple repetición estilística. Me inclino a pensar que es parte de su deseo de acentuar con bastante énfasis la necesidad de oración en la iglesia y por eso usa estas palabras que pueden ser intercambiables, pero que, al mismo tiempo, nos hablan de hacer todo tipo de oración a favor de todo tipo de personas, como veremos más adelante. Aunque no existe una diferencia marcada entre ellas, me parece enriquecedor que veamos los matices sutiles de cada una de las palabras usadas por Pablo.

Plegarias: Se trata de una petición urgente que es muy cercana al corazón.

Oraciones: Pablo utiliza esta palabra con más frecuencia para referirse a la oración, pero siempre implica hacerlo fervientemente.

Peticiones: Está más ligada a la intercesión y se usaba en la literatura griega para expresar lo que una persona hace cuando se acerca a un rey.

Pablo utiliza, entonces, todas estas palabras tan semejantes para instruir a Timoteo para que, cuando se reúnan los creyentes a orar, lo hagan con intencionalidad, urgencia, fervor y con la disposición no solo de orar por ellos y sus necesidades, sino también de interceder por los demás. En este último punto vamos a detenernos por un momento.

El que intercede por nosotros

Cuando mi hija era pequeña, había un escenario que solía repetirse casi todos los domingos cuando terminaba el servicio de la iglesia. Ella me buscaba corriendo porque «tenía algo que decirme». Debido a que era bastante usual en ella, yo sabía de qué se trataba incluso antes de que hablara. Por lo general, venía con una de sus amiguitas a pedirme permiso para que la amiga fuera con nosotros a almorzar y así pasar la tarde juntas. En otros casos, era la amiga quien hablaba para pedirme que mi hija se fuera con ella a almorzar y jugar en su casa. A veces, el pedido era que yo hablara con la mamá de la amiga para que le dieran permiso para venir. En cada caso, una de ellas estaba buscando lograr un favor por la otra; es decir, estaban intercediendo.

El diccionario de la Real Academia define *interceder* como «hablar en favor de alguien para conseguirle un bien o librarlo de un mal». Cuando hablamos en término de la oración, la intercesión es ir ante Dios para pedir algo a favor de otros. Las Escrituras nos enseñan de alguien que intercede todo el tiempo a nuestro favor, en beneficio de todos los creyentes. Es el propio apóstol Pablo quien habla de este tema en Romanos 8, uno de los capítulos más conocidos del Nuevo Testamento.

Pablo nos presenta en ese capítulo el contraste o la diferencia inmensa en la nueva vida a la que los creyentes tienen acceso gracias a Cristo —la vida en el Espíritu—; una vida en la que nunca más seremos esclavos del pecado y la muerte. Luego de esa gran declaración, leemos lo siguiente:

> De la misma manera, también el Espíritu nos ayuda en nuestra debilidad. No sabemos orar como debiéramos, pero el Espíritu mismo intercede por nosotros con gemidos indecibles. Y Aquel que escudriña los corazones sabe cuál es el sentir del Espíritu, porque Él intercede por los santos conforme a la voluntad de Dios. (Rom. 8:26-27)

Pablo se enfoca en reconocer la debilidad del creyente al orar y cómo el Espíritu Santo acude en su ayuda al interceder a su favor. Aunque mucho se ha debatido con relación al significado de esta debilidad del creyente, coincidimos con la postura de Tom Schreiner al afirmar que se trata de la carencia de una comprensión adecuada de la voluntad de Dios y, por ende, el Espíritu contrarresta dicha debilidad y actúa a nuestro favor.[1] El Espíritu se convierte en nuestro intercesor en la oración porque conoce muy bien nuestros corazones y también conoce la voluntad de Dios (Rom. 8:27).

No sé si lo puedes ver de la misma manera, pero para mí es de mucho consuelo saber que el Espíritu Santo intercede delante de Dios cuando oro. Tengo que reconocer que a veces no sé cómo hacerlo, no sé exactamente qué pedir a Dios en una situación determinada porque, como ya leímos, no conozco Su voluntad. Eso me consuela y me da paz. Incluso cuando nuestras oraciones estén un tanto torcidas, cuando podamos estar orando con dudas o incertidumbre sobre nuestros motivos, el Espíritu intercede en nuestra debilidad y a nuestro favor porque conoce perfectamente nuestros corazones y circunstancias. Además, como conoce la voluntad de Dios, orará por lo mejor y la respuesta que recibiremos también será la mejor. ¡Bendito Dios que no nos ha dejado solos, que nos dejó al Espíritu Santo!

> ¡Bendito Dios que no nos ha dejado solos, que nos dejó al Espíritu Santo!

Breves historias de intercesión

Es muy probable que recuerdes algunos eventos de la historia de Israel en el Antiguo Testamento que muestran episodios de intercesión. Uno de los primeros que vienen a mi mente es el de Abraham intercediendo a favor del lugar donde vivía su sobrino Lot (Gén. 18:16-33). Llama la atención que Abraham no intercede basándose en sus propios méritos, sino que lo hace a nombre del carácter justo de Dios:

> Lejos de Ti hacer tal cosa: matar al justo con el impío, de modo que el justo y el impío sean tratados de la misma manera. ¡Lejos de Ti! El Juez de toda la tierra, ¿no hará justicia? (Gén. 18:25)

Más adelante, nos encontramos a Moisés intercediendo con insistencia a favor de los israelitas que habían pecado de idolatría al erigir el becerro de oro. Moisés intercedió recordándole a Dios Sus promesas y Su reputación ante los pueblos vecinos. Le dijo que este pueblo terco era Su pueblo y Su heredad (Deut. 9:25-29). Un episodio similar se repitió más adelante cuando el pueblo se quejó contra Dios en el desierto y Él les envió las serpientes para destruirlos. El pueblo aterrorizado le suplicó a Moisés que intercediera a su favor (Núm. 21:7).

Samuel también fue delante de Dios a rogar e interceder por Israel (1 Sam. 7:5). Samuel pasó también toda una noche intercediendo por Saúl luego de que él eligió desobedecer a Dios (1 Sam. 15:11). Los profetas fueron intercesores en muchas ocasiones; como vemos, por ejemplo, en el caso de Amós (7:2). La intercesión también era una de las funciones de los sacerdotes (Joel 2:17). El Nuevo Testamento presenta dos relatos hermosos de intercesión. Jesús estaba en la cruz cuando le pidió a Dios que no tuviera en cuenta el oprobio y las brutalidades que estaba sufriendo, porque Sus perpetradores no sabían lo que hacían (Luc. 23:34). Luego del nacimiento de la iglesia, presenciamos el martirio de Esteban con una súplica de intercesión similar: «Cayendo de rodillas, clamó en alta voz: "Señor, no les tomes en cuenta este pecado"» (Hech. 7:60).

Este breve recorrido nos muestra que una y otra vez el pueblo requería de alguien que intercediera a su favor. No es muy diferente para nosotros porque somos tan pecadores y necesitados de intercesión como ellos. La única diferencia es que ahora ya no se trata de un sacerdote humano como en el Antiguo Testamento, sino que tenemos a Jesucristo mismo que lo hace directamente ante el trono de Dios, el perfecto Mediador entre Dios y los hombres. La intercesión a favor del creyente es parte del sacerdocio de Cristo:

> ¿Quién es el que condena? Cristo Jesús es el que murió, sí, más aún, el que resucitó, el que además está a la diestra de Dios, el que también intercede por nosotros. (Rom. 8:34)

La intercesión a favor del creyente es parte del sacerdocio de Cristo.

El creyente y la oración intercesora

Ya te he hablado de mi abuela paterna y su gran influencia en mi vida. Dios fue muy bueno y nos permitió que pasara sus últimos años cerca de nosotros. Todos los días hablábamos por teléfono, la visitaba a menudo y también pasaba días en nuestra casa. En nuestras largas conversaciones, a veces me comentaba que extrañaba poder estar involucrada en el servicio al Señor como lo había hecho por años. La edad y las limitaciones físicas se lo impedían. Sin embargo, su mente retenía la misma brillantez. Así que yo siempre le decía: «Abue, pero ahora puedes convertirte en una intercesora. Necesitamos el apoyo de creyentes como tú para que sostengan en oración a los que estamos trabajando y sirviendo al Señor». Eso la animaba mucho y muchas veces me llamaba para decirme que estaba orando y para preguntar si tenía alguna petición en particular por lo que quisiera que orara. Su habitación era un cuartel de oración.

Como dijimos antes, interceder es orar a Dios a favor de otra persona. Los creyentes tenemos el gran privilegio de convertirnos en intercesores porque tenemos acceso al Padre en el nombre de Cristo y el Espíritu Santo nos acompaña en nuestras oraciones. Por eso Pablo exhorta a Timoteo como lo hace en esta carta. La vida cristiana no se vive en solitario y el apoyo en oración de nuestros hermanos y hermanas en la fe tiene más peso del que quizá imaginamos. Puedes entender ahora por qué nunca podrá ser un plan B.

El gran predicador inglés Charles Spurgeon dijo con relación al rol de intercesor en los creyentes:

> Es cierto que no todos podemos predicar, pero todos podemos orar; no todos tenemos los recursos para dar limosnas, pero todos podemos ofrecer oraciones en nuestros corazones.[2]

Orar por otros es una muestra de nuestro amor hacia ellos; es una manera de obedecer el mandato de tener un mismo sentir, de llorar con el que llora, de gozarnos con el que se goza, de identificarnos con el que está sufriendo o pasando necesidad. Interceder por nuestros hermanos en la fe es parte del sacerdocio del que ahora somos participantes gracias a Cristo Jesús (1 Ped. 2:9).

Hemos estado recorriendo las cartas de Pablo y sus oraciones a favor de los creyentes de las distintas iglesias. Sin duda, él no oraba de manera distraída o esporádica, porque al leer sus cartas, vemos frases como estas: «siempre que me acuerdo de vosotros»; «pido siempre...»; «orando siempre por ustedes»; «teniendo presente sin cesar delante de nuestro Dios y Padre su obra de fe».

Pablo era intencional al interceder; la intercesión era una carga que llevaba y una responsabilidad. Interceder a favor de otros implica considerarlo una especie de deuda. Lo que quiero decir es que estamos comprometiéndonos cuando decimos que vamos a orar por alguien, hemos asumido una responsabilidad. Es por eso que me ayuda mucho tener una lista escrita de motivos de oración. Es la manera de no olvidar aquellos compromisos de oración que he contraído, incluso los que tal vez no haya verbalizado a nadie, sino que he puesto en mi corazón. Porque lo cierto es que somos olvidadizos, decimos que vamos a orar por alguien y luego queda en algún rincón perdido de la memoria.

Solemos observar situaciones que muchas veces nos dejan paralizados, que nos hacen sentir incapaces de brindar alguna ayuda. Pero no estamos desarmados, ¡tenemos la oración para interceder ante el mismísimo trono de Dios! Al escribir a Timoteo que «se hagan plegarias, oraciones, peticiones», Pablo está exhortando a la iglesia para que se pare en la brecha y clame delante de Dios. En este caso, no se trata de individuos aislados, sino del cuerpo de Cristo. De nuevo, Spurgeon nos habla desde las páginas del pasado:

«El valor de la oración intercesora aumenta cuando no viene solo de una persona, sino que se ofrece en unión íntima con otros santos».[3]

Recuerdo ahora lo que viví hace unos años. Nuestra iglesia había tomado la decisión de reconstruir la propiedad del templo que había sido casa de la congregación por casi 100 años. El paso implacable del tiempo y la escasez de recursos para el mantenimiento ya se hacían notar. Dado que un proyecto así requería la autorización del gobierno, se iniciaron los trámites. Sin embargo, sabíamos que muchas otras congregaciones habían solicitado el mismo tipo de permiso y la respuesta recibida había sido negativa. Ante tal desafío, se convocó a la iglesia a orar, nos comprometimos a hacerlo día tras día. Los sábados, tendríamos una reunión de oración en el templo, algunos incluso serían días de ayuno. No recuerdo por cuánto tiempo lo estuvimos haciendo, pero sí tengo muy claro que un día recibimos la respuesta, ¡era afirmativa! Se nos concedía el permiso para reconstruir la propiedad e incluso ampliarla. Nuestro Dios bondadoso lo hizo posible. Aquella fue una hermosa experiencia espiritual para nuestra congregación, especialmente para los que éramos muy jóvenes, tanto en edad como en la fe.

Esta iglesia fue fundada en 1889 y gozaba de una larga historia. En la década de 1960, había establecido un culto de oración matutino, cuando los pastores fueron llevados a prisión y la persecución contra los cristianos estaba en su peor momento. De lunes a sábado, el templo abría a las siete de la mañana. Años después, participé de aquel servicio. Recuerdo que comenzábamos repitiendo este pasaje:

Ahora, pues, oh Dios mío, te ruego que estén abiertos tus ojos y atentos tus oídos a la oración en este lugar. (2 Crón. 6:40, RVR1960)

Luego, añadíamos muchos otros textos bíblicos. Orábamos juntos las Escrituras, aunque quizás en ese momento yo no me daba cuenta de que eso era lo que hacíamos. Había algo especial en reunirnos con el cuerpo de Cristo y clamar al Señor por una larga lista de necesidades y peticiones. Sin embargo, si tu experiencia es como la mía, ese nunca fue un servicio muy popular que gozara de una gran asistencia. El grupo era más bien pequeño y muchos de los rostros se repetían a diario. A lo largo de los años, he visto que los servicios menos concurridos son los de oración. Creo que mucho tiene que ver con todo lo que hablamos en el capítulo 1. No hemos entendido la necesidad de orar ni todo lo que la oración implica.

Es cierto que vivimos en dos extremos. Por un lado, en algunos círculos cristianos, los servicios de oración se alejan del mandato bíblico; creen que orar es dar órdenes a Dios o quieren dirigir Su voluntad. Por otro lado, hay otros cristianos que oran demasiado poco. Uno de los propósitos para escribir este libro es que después de que lo tomes en tus manos y llegues al final, el resultado sea que no solo arda en tu corazón el deseo de orar más, de orar con las Escrituras, sino de orar para que en cada congregación ese anhelo se propague como fuego.

¿Por quién intercedemos?

Regresemos otra vez al pasaje que sirve de base a este capítulo: «Exhorto, pues, ante todo que se hagan plegarias, oraciones,

peticiones y acciones de gracias por todos los hombres»
(1 Tim. 2:1). La Biblia habla mayormente en absolutos. Un
buen ejemplo lo encontramos en la exhortación de Pablo a
Timoteo y la iglesia que él lideraba, porque el apóstol les
dice que intercedan *por todos los hombres*. Tal vez hubiéramos
preferido que dijera «por algunos», «por los hermanos en la
fe», «por nuestros familiares», «por los amigos» o «solo por los
que nos caen bien». Pero el Espíritu Santo no hizo excepcio-
nes cuando inspiró al apóstol, ¡porque Dios no las hace! De
modo que la exhortación, el llamado, es a elevar oraciones
por todas las personas. Como señala Donald Guthrie: «estas
instrucciones se mantienen unidas por la misión de la iglesia
a los de afuera».[4]

Nuestra misión no está encerrada en cuatro paredes.
Nuestro llamado no es solo a los que ya forman parte del
pueblo de Dios, sino a los de afuera, porque allí están los
que en algún momento también formarán parte del pueblo
de Dios. Pero lo más evidente es que todo debe comenzar
en oración.

Pablo entonces pasa de este grupo general a presentar
algo particular:

> Exhorto, pues, ante todo que se hagan plegarias, oraciones,
> peticiones y acciones de gracias por todos los hombres,
> por los reyes y por todos los que están en autoridad...
> (1 Tim. 2:1-2a)

Dentro del conjunto de todos los seres humanos, encontramos a aquellos que ocupan posiciones de alto liderazgo. A
esto me refería cuando comencé el capítulo hablando de las
elecciones y que nuestro rol como ciudadanos va más allá de
marcar una casilla en la boleta electoral. Dios nos dice en Su

Palabra que oremos por nuestras autoridades. Creo que tal vez sé lo que estás pensando: que es más fácil orar cuando los líderes son piadosos, cuando los gobernantes muestran integridad y, especialmente, cuando los que ocupan esos lugares son aquellos por los cuales votamos. Solemos orar sin mucha dificultad cuando el candidato de nuestro partido favorito está de turno. Sin embargo, lo que Pablo dice más adelante debe hacernos reflexionar:

> … para que podamos vivir una vida tranquila y sosegada con toda piedad y dignidad. (1 Tim. 2:2b)

Esa es la razón. Se nos invita a orar por los gobernantes y autoridades porque sus decisiones afectan nuestras vidas de una manera muy directa. Un ejemplo de esto lo encontramos en las palabras de Dios para Israel por medio del profeta Jeremías durante la cautividad en Babilonia:

> Y busquen el bienestar de la ciudad adonde los he desterrado, y rueguen al Señor por ella; porque en su bienestar tendrán bienestar. (Jer. 29:7)

Cuando intercedemos por nuestra ciudad, nuestro país, nuestro mundo, estamos intercediendo también por nuestro propio bienestar y por la oportunidad de vivir de una manera que exalte el evangelio.

Al mirar el panorama mundial contemporáneo, resulta casi imposible encontrar un líder —ya sea gubernamental, de negocios o de alguna otra índole en la esfera sociopolítica— que sea temeroso de Dios. Las leyes que una y otra vez se aprueban, independientemente del país donde vivas, no suelen reflejar el temor a Dios ni considerar Su Palabra. Eso no debería llevarnos a la desesperanza y a simplemente dejarlos fuera, sino que ¡con más razón tenemos que interceder por ellos! Cuando lo hacemos, también estamos intercediendo por nosotros mismos y por las generaciones que nos seguirán.

Recordemos que esta carta fue escrita en el tiempo del Imperio romano, donde la opresión sanguinaria sobre los grupos considerados disidentes o peligrosos para el orden establecido —como lo eran los cristianos— era una amenaza latente. Orar por las autoridades era vital y lo sigue siendo, especialmente por las autoridades y gobiernos donde la iglesia es perseguida. Quizá todavía no sea nuestra realidad, pero no olvidemos interceder también por los gobiernos y líderes de los países donde nuestros hermanos en la fe cada día enfrentan peligros, carencias y dificultades por seguir a Cristo.

Al mismo tiempo, es válido recordar que creemos que nuestro Dios es soberano sobre todas las cosas y que la conducta de los creyentes, que han sido transformados por las buenas nuevas del evangelio, también implica que nos sujetemos a las autoridades porque entendemos que han sido puestas por Dios (Rom. 13:1). Orar por ellas es un buen primer paso. De hecho, Pablo afirma que orar de esta manera «es bueno y agradable delante de Dios nuestro Salvador» (1 Tim. 2:3).

El pasaje que estamos estudiando nos enseña que interceder por todos los hombres, incluidas a las autoridades, está ligado al deseo redentor de Dios porque Su deseo es que «todos los hombres sean salvos y vengan al pleno conocimiento de la verdad» (1 Tim. 2:4).

El contexto de la misma carta y otros pasajes con la autoría de Pablo nos permiten entender que la idea es que haya una inclusión tanto de judíos como de gentiles en la iglesia. En otras palabras, la salvación no es para un grupo étnico exclusivo. La Escritura nos enseña que la obra redentora de Cristo en la cruz compró para Dios un pueblo que tendrá miembros de toda tribu, lengua, pueblo y nación (ver Apoc. 5:9; 7:9). Por eso estamos llamados a interceder para que el Señor, el Dios Salvador, traiga a Su pueblo a los redimidos que arribarán al conocimiento de la verdad (otra manera de referirse al conocimiento del evangelio).

No quisiera desaprovechar la oportunidad para añadir que debemos incluir en nuestras oraciones al cónyuge, los hijos, los padres, los familiares y los amigos que no conocen al Señor. La salvación viene del Señor y, aunque nosotros no la causamos ni tenemos jurisdicción en cuanto a quién Dios salva y a quién no, eso no impide que oremos y clamemos a favor de aquellos que no lo conocen y están en oscuridad. Muchos de los que hoy caminamos en la luz de Cristo tuvimos la bendición de que otros oraran por nuestra salvación. Yo me cuento entre ellos. No quiero decir con esto que la salvación depende de la oración, sino que el Señor nos da el privilegio de orar por otros. Intercedemos por ellos, como vimos en la historia de Abraham o la de Moisés, no basándonos en nuestros méritos o nuestra elocuencia, sino sobre la base de quién es nuestro Dios; un Dios misericordioso, de gracia, autor de la salvación. Intercedamos y descansemos en Su soberanía y perfecto plan.

> Intercedamos y descansemos en Su soberanía y perfecto plan.

Una nueva lista de oración

No sé qué pueda estar ocurriendo a tu alrededor mientras lees estas páginas. Quizá llegó a tu celular un mensaje de alguien que necesita tus oraciones. Tal vez viste una noticia que dejó tu corazón roto. A lo mejor tu país está en medio de una crisis política ¡otra vez! Puede ser que estés pensando en que tienes que regresar mañana al trabajo donde tus jefes son una buena imitación de los temibles romanos del tiempo de Pablo. Quizás estás leyendo este libro y viene a tu mente un misionero en un lugar difícil por la persecución o eres tú quien vive en un país así. Le pido al Señor que el mensaje de este capítulo sea no solo una exhortación para orar de manera diferente, sino que también te llene de esperanza porque podemos ir con libertad delante de nuestro Dios con el enorme privilegio de interceder a favor de muchos otros, desde los que están muy cerca de nuestro corazón hasta aquellos que se sientan en lugares de eminencia.

¿Cómo ha cambiado tu perspectiva sobre la oración al leer este capítulo?

....

....

....

....

....

....

¿Cómo podrías comenzar a aplicar hoy esta exhortación de Pablo a Timoteo?

¿A quién puedes unirte hoy mismo para comenzar a interceder por tu ciudad, país, gobierno, etc.? ¿Cómo lo harán?

Conclusión

Perseveren en la oración, velando en ella
con acción de gracias.

(Col. 4:2)

Todos tenemos buenos y malos recuerdos de la etapa escolar. Uno de los peores recuerdos que tengo de mis años de escuela secundaria son los días de las pruebas de aptitud física. Teníamos que pasar varias pruebas que incluían abdominales, planchas, salto largo, carreras de velocidad y, la más temida, la carrera de resistencia. Esta prueba la realizábamos hacia el final del curso escolar, en mayo o junio, lo que para un país tropical como Cuba significaba temperaturas veraniegas, calor intenso y una humedad relativa altísima. Me enfrentaba a aquella pista improvisada —porque era de tierra— y sabía que tendría que darle cuatro vueltas a la pista de 400 metros. ¡Era una tortura para mí! Pero no tenía otra opción; tenía que correr y ¡tenía que pasar la prueba!

Agradezco a los amigos que corrían a mi lado y me recordaban: «Sigue corriendo, no pienses en cuánto te queda. ¡Solo mantén la vista en la pista!». Tenían razón; sabían que dejaría de correr en el momento en que empezara a pensar en cuántos metros me faltaban o cuántos pasos más tenía que dar. Era muy fácil distraerme, perder velocidad e impulso, desanimarme y nunca terminar a tiempo. Tenía que continuar, persistir, perseverar con los ojos puestos en la meta final.

La vida cristiana es muy similar a esa carrera de aptitud física escolar. De hecho, hasta Pablo usa una analogía similar. No se trata de una carrera de velocidad, no es asunto de quién llega primero, sino de quién llega hasta el final. Es un asunto de perseverancia. ¡Gloria a Dios que Cristo ya la corrió por nosotros y la ganó! Sin embargo, eso no nos exime de correr y de hacerlo bien. Recordarás que comenzamos este libro hablando de que la oración es una disciplina espiritual. Toda disciplina requiere perseverancia. Por eso quisiera terminar enfocándome en el llamado a perseverar en la oración basado en las palabras de despedida de Pablo que encontramos al final de la carta a los colosenses.

El apóstol hace varias exhortaciones y es interesante que la primera esté relacionada precisamente con el tema de la oración, específicamente sobre la perseverancia. La verdad es que no es esta la primera vez que encontramos una exhortación de ese tipo en sus cartas:

> … gozándose en la esperanza, perseverando en el sufrimiento, *dedicados a la oración*. (Rom. 12:12, énfasis de la autora)

> Con toda oración y súplica oren en todo tiempo en el Espíritu, y así, *velen con toda perseverancia* y súplica por todos los santos. (Ef. 6:18, énfasis de la autora)

> Oren *sin cesar*. (1 Tes. 5:17, énfasis de la autora)

Pablo deja en claro, a lo largo de sus epístolas, cuán a menudo ora por las iglesias y por sus hermanos en la fe. Ya hemos descubierto que la oración no debe ser el plan B para el seguidor de Cristo, ni tampoco un evento especial, sino una parte esencial de nuestra vida. Se supone que la oración debe permear todo lo que hacemos y todas las circunstancias que enfrentamos. La petición paulina de orar sin cesar es una invitación a vivir en una actitud permanente de oración, conscientes de que siempre estamos *Coram Deo*, es decir, en la presencia de Dios. Sin embargo, lo cierto es que nos cuesta, incluso después de aprender todas las verdades sobre la oración que hemos visto en este libro y en muchos otros. Por eso la exhortación bíblica a perseverar sin rendirnos en oración.

> No oramos lo suficiente porque no entendemos la magnitud de la batalla.

Perseverar es ser constante y mantener el mismo propósito y energía en algo que hemos emprendido. En el caso de la oración, creo que la falta de perseverancia es porque no hemos entendido su importancia. Tampoco hemos comprendido que el Señor espera que pongamos toda nuestra vida delante de Él y que estamos en una guerra espiritual continua. La oración juega un rol crucial y por eso Pablo concluye ese tema en su carta a los efesios con una petición para que oren de forma perseverante (Ef. 6:18). No oramos lo suficiente porque no entendemos la magnitud de la batalla. Pablo pedía oración y oraba porque sabía que toda nuestra vida es una batalla. El pastor John Piper lo explica así:

> La oración es, principalmente, un *walkie-talkie* de guerra para la misión de la Iglesia, para que la use mientras avanza contra los poderes de la oscuridad y la incredulidad. No es de extrañar que la oración no funcione adecuadamente cuando

intentamos convertirla en un intercomunicador colocado al lado de nuestro sofá, que usamos para pedirle al del piso de arriba que nos dé más comodidades. Dios nos ha dado la oración como *walkie-talkie* de guerra para que llamemos al cuartel general para pedir las cosas que necesitamos mientras trabajamos para que el reino de Cristo avance en este mundo. La oración nos da a nosotros el privilegio de estar en primera línea, y le da a Dios la gloria de un Proveedor sin límites.[1]

> No oramos más porque creemos que podemos navegar la vida sin oración.

No oramos más porque creemos que podemos navegar la vida sin oración. No oramos más porque a veces vemos a Dios como si fuera un mayordomo que está esperando nuestra próxima orden o porque hemos creído que somos Aladino y solo tenemos que frotar la lámpara para que el genio responda. Si entendiéramos realmente cuán grande es la batalla que se libra cada día en el mundo que no vemos, ¡nos faltaría tiempo para orar! Pablo, consciente de estas realidades, escribía una y otra vez a los creyentes sobre la necesidad de perseverar, de ser constantes en la oración.

¿Por qué crees que debemos dedicarnos, perseverar en la oración? Bueno, de eso hemos hablado en los capítulos que anteceden y hemos visto las muchas razones que pueden transformar nuestras listas de oración. ¡Tenemos motivos suficientes! No obstante, aquí tenemos otros más que encontramos en las Escrituras:

Para evitar la tentación: «Velen y oren para que no entren en tentación; el espíritu está dispuesto, pero la carne es débil». (Mat. 26:41)

Para ser librados de los que no temen a Dios: «Oren también para que seamos librados de hombres perversos y malos, porque no todos tienen fe». (2 Tes. 3:2)

Para soportar los tiempos de sufrimiento: «¿Sufre alguien entre ustedes? Que haga oración». (Sant. 5:13)

Para permanecer firmes en la voluntad de Dios: «... siempre esforzándose intensamente a favor de ustedes en sus oraciones, para que estén firmes, perfectos y completamente seguros en toda la voluntad de Dios». (Col. 4:12)

¡No podemos vivir la vida cristiana, esta nueva vida del otro lado de la cruz, sin la oración!

Por otro lado, tal vez estés pensando que llevas años orando, que has perseverado y, sin embargo, tu oración sigue sin respuestas. Quizá has pensado que tus oraciones no pasan del techo, que se quedan en algún rincón cósmico del vasto universo sin llegar al destino final en el trono de Dios. Para esos momentos necesitamos hablar verdad a nuestro corazón y no creer a nuestras emociones o nuestra percepción distorsionada de la realidad. La única verdad que debemos hablar a nuestro corazón es la Palabra de Dios. La Palabra dice con claridad que Dios escucha las oraciones de Sus hijos, siempre.

> Miré, y vi entre el trono (con los cuatro seres vivientes) y los ancianos, a un Cordero, de pie, como inmolado, que tenía siete cuernos y siete ojos, que son los siete Espíritus de Dios enviados por toda la tierra. Él vino y tomó el libro de la mano derecha de Aquel que estaba sentado en el trono. Cuando tomó el libro, los cuatro seres vivientes y

los veinticuatro ancianos se postraron delante del Cordero. Cada uno tenía un arpa y copas de oro llenas de incienso, que son las oraciones de los santos. (Apoc. 5:6-8)

Las palabras de Juan no pueden ser más claras y evidentes. Ninguna oración se pierde ni es ignorada; Dios las tiene muy presentes. En esta hermosa visión que tuvo el apóstol Juan, el Señor le mostró que cada una de las oraciones de los santos —es decir, de aquellos que hemos sido redimidos por la sangre de Cristo— ha llegado hasta Él; son como incienso que sube a Su presencia con olor fragante. Entonces, Dios sí escucha y por eso perseveramos y tenemos que seguir orando sin cesar.

Les hablé de George Müller al comenzar este libro. Cuando escribí esa parte, no sabía que me tocaría leer otra vez sobre su vida por motivos de mis estudios en el seminario. Pero el Señor sí lo sabía y cuán bueno fue para mí leerlo mientras escribía sobre la oración. Esto es lo que dijo Müller sobre orar una y otra vez:

> ¿Es necesario que yo lleve un asunto delante de Dios dos, tres, cinco o incluso veinte veces; no basta con que se lo diga una vez? Podríamos muy bien decir que no hay necesidad de decirle ni una vez porque Él conoce de antemano lo que necesitamos. Él quiere que demostremos que confiamos en Él y que tomemos nuestro lugar como criaturas delante del Creador.[2]

La exhortación es a perseverar, sin importar cuál sea la respuesta. Se nos exhorta a perseverar porque no hay manera de que la idea que yo tengo sobre una situación y su posible solución sea mejor que la que pueda tener Dios. Sus pensamientos y caminos están muy por encima de los nuestros. Él ve más allá, sabe qué es mejor y puede ver el cuadro completo. Por lo tanto, en ocasiones Dios responde con un rotundo sí, otras veces dice «no» y aun en otras oportunidades la respuesta es: «Este no es el momento». Pero siempre escucha y siempre contesta.

Al exhortar a los cristianos de Colosas a perseverar en la oración, Pablo también les dice que velen con acción de gracias. ¿Por qué mantener una actitud permanente de agradecimiento delante de Dios? Porque la gratitud no cambia las circunstancias, pero sí cambia el corazón. La gratitud es como la memoria del alma, porque nos hace recordar la bondad de Dios y que por gracia hemos recibido lo que no merecemos. La gratitud nos permite reconocer Su soberanía, confiar en Su provisión y descansar en Su fidelidad.

Ahora que llegamos a los últimos párrafos de este libro, de verdad me encantaría decirte que tu vida de oración habrá cambiado radicalmente una vez que lo termines. Pero no es así. Lo que puede haber cambiado es nuestro entendimiento sobre la oración y aquellas cosas por las que podemos y debemos orar. Mi anhelo es que hayamos comprendido que la oración va más allá de las listas que hemos mantenido por años.

Las Escrituras nos presentan una mejor manera de hablar con Dios y nos muestran también nuestras más profundas necesidades, aquello que necesita ser transformado solo por Su poder. El apóstol Pablo nos ha insertado en sus cartas peticiones que ahora pueden ser nuestras y que ponen nuestros ojos en lo que no se ve, pero que cuenta para la eternidad y para la gloria de Dios.

¡Oremos para que el Señor conecte lo que nuestra mente ya sabe con la disposición de nuestro corazón!

Que nuestra oración sea para ti como incienso *y nuestras manos extendidas aceptables ante tus ojos.*

Oramos por la ayuda e influencia poderosa del bendito Espíritu Santo de gracia en nuestras oraciones. No sabemos orar como debiéramos. Permite que tu Espíritu ayude en nuestra debilidad y ore por nosotros.

Derrama sobre nosotros el Espíritu de gracia y oración. Mediante el Espíritu de adopción, enséñanos a clamar: ¡Abba, Padre! Envía tu luz y verdad, que nos guíen y dirijan a tu monte santo. Llévanos a ti, Dios, nuestro gozo pleno.

Señor, abre nuestros labios y nuestra boca te alabará. Amén.

Matthew Henry[3]

Agradecimientos

L legar al final de un libro siempre es un momento hermoso y, al mismo tiempo, agridulce porque termina una jornada más de escritura.

Agradezco al Señor, quien me ha dado la oportunidad de poner en papel las ideas que se juntan en mi mente y luego concederme el privilegio inmerecido de hacerlas llegar a quienes las leen. Solo por Su gracia.

Quiero darte las gracias a ti, lector, por haberme acompañado y por tomarte el tiempo para recorrer estas páginas. Oro para que el Señor utilice estas reflexiones como bendición y edificación para tu vida.

Mi gratitud al equipo editorial de B&H Español. Gracias por abrir las puertas una vez más, por la calidad de su trabajo y por la ayuda que me han brindado en cada etapa de este proyecto.

Pepe Mendoza, ¡qué gran privilegio ha sido tenerte como editor! Hubo momentos de risa, otros de lágrimas y, sobre todo, mucho aprendizaje. Espero que podamos seguir colaborando en el futuro.

Gracias a mi familia por su apoyo y por orar por mí. No merezco tal bendición. Le agradezco especialmente a mi esposo: sin ti, no podría decir *sí* a este llamado.

A la familia de la fe, cerca y lejos, que me sostiene en oración y me da ánimo.

¡A Dios sea la gloria!

«Oren sin cesar».
(1 Tes. 5:17)

Notas

Introducción

1. https://www.georgemuller.org/quotes/category/prayer
2. https://www.georgemuller.org/quotes/category/prayer
3. Donald S. Whitney, *Disciplinas espirituales para la vida cristiana* (Carol Stream, IL: NavPress Publishing Group, 2016). ProQuest Ebook Central, http://ebookcentral.proquest.com/lib/sbts-ebooks/detail.action?docID=5395768.
4. Donald S. Whitney, *Orando la Biblia*, (Nashville, TN: B&H Publishing Group, 2016), 43.
5. Thomas R. Schreiner, *Romans* (Grand Rapids, MI: Baker Academic, 1998), 91J. ProQuest Ebook Central.

Capítulo 1

1. D. A. Carson, Matthew, *Expositor's Bible Commentary* (Grand Rapids, MI: Zondervan, 2010), 189, edición para Kindle.
2. «Palabra aramea que significa "padre" utilizada por Jesús al hablar de Su relación íntima con Dios», *Diccionario Bíblico Holman* (Nashville, TN: B&H Publishing Group, 2008), 5.
3. N. T. Wright, *Matthew for Everyone* (Louisville, KY: Westminster John Knox Press, 2002), 158-159, edición para Kindle.
4. Timothy Keller, *La oración* (Nashville, TN: B&H Publishing Group, 2016), 123.
5. Wendy Bello, *Un corazón nuevo* (Nashville, TN: B&H Español, 2021), 33.

Capítulo 2

1. D. A. Carson y Douglas J. Moo, *Introducción al Nuevo Testamento*, Colección Teológica Contemporánea (Barcelona, España: Editorial Clie, 2008), 267.
2. F. F. Bruce, *The Epistles to the Colossians, to Philemon, and to the Ephesians* (Grand Rapids, MI: Eerdmans, 1984), 655-656, edición para Kindle.

Capítulo 3

1. D. A. Carson, *Praying with Paul: A Call to Spiritual Reformation* (Grand Rapids, MI: Baker Academic, 2015), 165. Traducción de la autora.
2. Frank Thielman, «*Ephesians*», *Baker Exegetical Commentary on the New Testament* (Grand Rapids, MI: Baker Academic, 2010), 232.

Capítulo 4

1. Carson, D. A., *Praying with Paul: A Call to Spiritual Reformation* (Grand Rapids, MI: Baker Academic, 2015). ProQuest Ebook Central. Traducción de la autora.
2. G. K. Chesteron, *Ortodoxia* (Barcelona, España: Acantilado, 2013), 45.
3. Carson, *Praying with Paul: A Call to Spiritual Reformation*, 114.

Capítulo 5

1. https://www.spurgeon.org/resource-library/sermons/comforted -and-comforting/#flipbook/

Capítulo 6

1. La escatología es el estudio de los eventos finales en la Biblia.
2. *Biblia de Estudio Spurgeon* (Nashville, TN: Holman Bible Publishers, 2019), 1478.
3. G. Walter Hansen, *The Letter to the Philippians* (Grand Rapids, MI: Eerdmans Publishing, 2009), 1008, edición para Kindle. Traducción de la autora.

Capítulo 7

1. Wayne Grudem, *Teología sistemática* (Miami, FL: Editorial Vida, 2007), 818, edición para Kindle.
2. Douglas J. Moo, *The Letter to the Colossians and to Philemon* (Grand Rapids, MI: Eerdmans Publishing, 2008), 125, edición para Kindle.

Capítulo 8

1. John Piper, *Alégrense las naciones* (Barcelona, España: Editorial Clie, 2007), 90, edición para Kindle.
2. Para conocer la historia completa, te recomiendo leer *Portales de Esplendor*, de Elisabeth Elliot.
3. John Piper, *Alégrense las naciones,* 89.

Capítulo 9

1. Thomas R. Schreiner, *Romans* (Grand Rapids, MI: Baker Academic, 1998), 91.
2. Charles Spurgeon, *Lessons from the Apostle Paul Prayers* (CrossPoints Publishers, 2018) , 52, edición para Kindle. Traducción de la autora.
3. Charles Spurgeon, *Lessons from the Apostle Paul Prayers,* 56.
4. Donald Guthrie, *The Pastoral Epistles: An Introduction and Commentary* (Downers Grove, IL: InterVarsity Press, 2022). ProQuest Ebook Central, http://ebookcentral.proquest.com/lib/sbts-ebooks/detail.action?docID=4309744. Traducción de la autora.

Conclusión

1. John Piper, *Alégrense las naciones,* 134-135.
2. Roger Steer, *George Müller: Delighted in God* (Escocia, Reino Unido: Christian Focus Publications, 1997), 181, edición para Kindle. Traducción de la autora.
3. Robert Elmer, *Piercing Heaven: Prayers of the Puritans* (Bellingham, WA: Lexham Press, 2019), 31, edición para Kindle. Traducción de la autora.